Paulo Boccone

Icones & Descriptiones Rariorum Plantarum

Paulo Boccone

Icones & Descriptiones Rariorum Plantarum

ISBN/EAN: 9783742809971

Manufactured in Europe, USA, Canada, Australia, Japa

Cover: Foto ©Andreas Hilbeck / pixelio.de

Manufactured and distributed by brebook publishing software (www.brebook.com)

Paulo Boccone

Icones & Descriptiones Rariorum Plantarum

ICONES & DESCRIPTIONES
RARIORUM PLANTARUM
Siciliæ, Melitæ, Galliæ, & Italiæ.

Quarum unaquæque proprio charactere fignata, ab aliis ejufdem claffis facile diftinguitur.

Auctore *PAULO BOCCONE*
PANORMITANO SICULO,
SERENISSIMI MAGNI HETRURIÆ
DUCIS OLIM BOTANICO.

E THEATRO SHELDONIANO. M. DC. LXXIV.
Proftant apud *Robertum Scott* Bibliopolam *LONDINENSEM*.

PLANTARUM
STUDIOSO.

DONO tibi curarum partem, *Erudite Botanophile*; *Icones* fcilicet *Plantarum*, quas (per *Siciliam*, *Italiam*, aliafque provincias) Rariores inveni. Earum quandoque plures, compendii gratia, in unam tabellam conjeci. Interdum etiam ramos quarundam ab amicis datos, ceteris inferui; & hæc aliquanto certe cum detrimento integritatis totius Plantæ, nullo vero difpendio genuinæ effigiei, quæ fatis patet, maxime advocata in auxilium illa, quam adhibui defcriptione, in qua notas omnes, quæ ad pleniorem ejus intelligentiam faciunt, breviter, & accurate, quantum in me fuit, complexus fum: non enim particulas omnes illarum fingulatim & fcrupulofe, inutili prorfus diligentiæ redundantia (quod nonnullis placet) profequi libuit. Nomenclaturas indidi pro ea quam præ fe ferebant cum notioribus fimilitudine. Omnes autem hæ Clafficis Auctoribus indictæ funt, fi paucas excipias, quarum *Icones*, ab illis non expreffas, exhibeo. Ceteræ novitate fua commendabiles, quædam vero ante alias, fi quid in Botanicis video, ad invidiam pulcræ; quod vel iniquus hujus opellæ meæ æftimator tacita confcientia judicabit. Neque enim leve munus hoc exiftimes velim, cum propter dignitatem plantarum, & numerum, qui ultra centum extenditur, tum etiam quia plurium annorum, & multi laboris opus eft; nifi facile putes per confragofa loca, & obfitos virgultis montes repere, filvarum receffus omnes fcrutari, & fæpe eadem die frigoris & caloris exuperantias fer-

PLANTARUM STUDIOSO.

re. Quam tamen viam eo libentius ingressus sum, quo spontaneas, & nativa pulchritudine florentes investigare præstabilius semper duxi, quam cultura & mangonio adulteratas spectare, quod fieri plerumque nequit sine fraude, & cruce discentis. Attamen quicquid id est, si expectationi tuæ non respondeat, scias etiam idem votis meis non omnino satisfacere, quia accuratiores, & elegantiores figuras expetivissem; sed quid expectes amplius à privato viro, & cui ex siccis plantis eas delineare necesse fuit? Quare habebis gratias, si voles, certe debebis: donec meliora, majoraque enascantur, peto ut vel ob communionem studiorum nostrorum, hæc mea

Parvula ne temnas, parvis quoque gratia multa est,
Parvulus est Paphiæ filius ales amor.

INDEX

INDEX
ONOMASTICUS PLANTARUM
IN HOC OPERE CONTENTARUM,
CUM TABULARUM INDIGITATIONE.

Alga spiralis.	Tab. 38
Alsine paluſtris Serpilli folio,	Tab. 25
Alsine Lotoides.	Tab. 11
Alsine Bononienſis non aculeata.	Tab. 12
Alsine Paronychiæ facie.	Tab. 38
Alsine maritima altera anguſtis foliis.	Tab. 10
Alsine maritima longius radicata, Herniariæ foliis.	Tab. 10
Althæa Carpini foliis, fl. luteis.	Tab. 6
Amaranthus ſpicatus perennis.	Tab. 9
Anonis folio lucido ſerrato.	Tab. 38
Apocynum Canadenſe Androſæmi majoris foliis.	Tab. 16
Ariſtolochia rotunda altera.	Tab. 3
Ariſarum anguſtifolium minimum.	Tab. 42
Ariſarum ſive Dracunculus Potamogeti folio.	Tab. 26
After Canadenſis, vide Conyza.	Tab. 46
After tomentoſus luteus Verbaſci folio.	Tab. 31
Atriplex maritima, minima, anguſtifolia.	Tab. 15
Aſtragalus Bæticus, vide Securidaca ſiliquis foliaceis.	Tab. 4
Baticulæ alterum genus ex Sicilia Cæſalpini.	Tab. 27
Blattaria incana multifida.	Tab. 31
Braſſica ſilveſtris Fabariæ foliis.	Tab. 25
Campanula hirſuta Ocimi folio caulem ambiente fl. pendulo.	Tab. 45
Campanula Caetana rotundifolia longius radicata.	Tab. 27
Capparis duplicata ſpina, folio acuto.	Tab. 42
Chamærubus an Chamæmorus Norvegica Cluſ.	Tab. 30
Chryſanthemum canadenſe latifolium humilius.	Tab. 27
Chondrilla Tragopogonoides.	Tab. 7
Clematis tetraphylla Americana.	Tab. 15
Conyza capitata, ſeu globoſa.	Tab. 7
	Conyza

INDEX PLANTARUM

Conyza alba acris Morifoni.	Tab. 46
Conyza afteris fl. aureo.	Tab. 31
Conyza retufis foliis ex Melita.	Tab. 13
Convolvulus Siculus minor flore parvo auriculato.	Tab. 48
Coronopus fruticofa platyphylla.	Tab. 15
Coronopus maritima rofea.	Tab. 38
Crithmum Siculum.	Tab. 28
Digitalis Perficæ folio, vide pfeudodigitalis.	Tab. 6
Dracunculus five Arifarum Potamogeiti folio.	Tab. 26
Eruca pumila Burfæ pastoris folio.	Tab. 10
Eryngium Capitulis Pfyllii.	Tab. 47.
Fungus fpiralis, feu alga fpiralis maritima.	Tab. 38
Fungus Typhoides coccineus Melitenfis.	Tab. 43
Fungus fubcærulea pulpa arillis flavis refertus.	Tab. 12
Fungus Malicorii facie.	Tab. 12
Frumentum Indicum fpica divifa five polyftachytes.	Tab. 16
Gnaphalium Alpinum pumilum.	Tab. 20
Gramen filiceum paniculis integris.	Tab. 33
Gramen bicorne.	Tab. 11
Gramen foliis & carina ferratis.	Tab. 39
Heliochryfum Abrotani feminæ foliis.	Tab. 3
Heliotropium Siculum majus fl. amplo odorato.	Tab. 49
Helleborus Alpinus minimus Aftrantiæ flore.	Tab. 5
Hippomarathrum Siculum femine canulato & lanuginofo.	Tab. 18
Horminum fpicatum Lavendulæ odore.	Tab. 25
Jacea elatior fempervirens Lufitanica.	Tab. 39
Jacea Melitenfis capitulis conglobatis.	Tab. 35
Jacea cichoreis foliis flore luteo, capite fpinofo.	Tab. 8
Jacobæa Chryfanthemi facie Sicula.	Tab. 36
Jacobæa multifida annua.	Tab. 51
Jacobæa pumila Gallica.	Tab. 41
Juncellus minimus capitulis Equifeti.	Tab. 20
Kali floricum femine cochleato.	Tab. 32
Kali floribus membranaceis.	Tab. 31
Leucoium Gallicum folio Halimi.	Tab. 42

Linaria

IN HOC OPERE CONTENTARUM.

Linaria triphylla latifolia Sicula.	Tab. 22
Linaria pumila triphylla.	Tab. 45
Linaria Molluginis folio.	Tab. 19
Limonium reticulatum supinum.	Tab. 44
Limonium maritimum Bauh. Prod.	Tab. 13
Limonium maritimum fruticosum hirsutum.	Tab. 13
Limonium lignosum gallas ferens.	Tab. 16
Limonium gallis viduum.	Tab. 16
Limonium Siculum folio cordato.	Tab. 34
Lithospermum umbellatum angustifolium.	Tab. 41
Lithospermum umbellatum latifol.	Tab. 41
Lithospermum umbellatum angustifolium.	Tab. 40
Lychnis minima ex monte Argentario.	Tab. 12
Lychnis glabris & tenuibus foliis calice duriori.	Tab. 14
Lychnis noctiflora minima.	Tab. 51
Malva Betonicæ folio.	Tab. 8
Malva moschata fol. crispis.	Tab. 37
Malum Aurantium malo citrio prægnans.	Tab. 2
Malum Aurantium Lauri angustis foliis.	Tab. 2
Moly flore subviridi.	Tab. 33
Nasturtium montanum Asari folio.	Tab. 3
Panax Siculum femine hirsuto.	Tab. 1
Parietaria Helxines fol:o.	Tab. 24
Parietaria Sicula Alsines folio.	Tab. 24
Parietaria Ocimi folio.	Tab. 24
Pastinaca hirsuta crispa.	Tab. 14
Pastinaca Oenanthes folio.	Tab. 40
Peplis annua foliis acutis.	Tab. 13
Pimpinella Agrimonoides.	Tab. 30
Potamogeiton pumilum fluitans.	Tab. 10
Polygonum muscosum minimum.	Tab. 29
Polygonum capitulis ad genicula echinatis.	Tab. 20
Psyllium laciniatis foliis.	Tab. 4
Pseudodigitalis Persicæ fol.	Tab. 6
Pulegium tomentosum minimum.	Tab. 20
Rhamnus Pentaphyllos Siculus.	Tab. 21
Ranunculus Alopecuroides Ajugæ foliis.	Tab. 14
Rapuntium urens Soloniense.	Tab. 11

Reseda

INDEX PLANTARUM, &c.

Reseda Gallica crispa.	Tab. 41
Rubia villosa semine duplici, hirsuta.	Tab. 6
Saponaria acutis foliis ex Sicilia.	Tab. 30
Scabiosa maritima Rutæ caninæ foliis.	*Tab. 40
Scabiosa marina Rutæ marinæ folio.	Tab. 52
Securidaca siliquis foliaceis.	Tab. 4
Sedum maritimum villoso semine.	Tab. 4
Sium seu sio affinis siliquis latis.	Tab. 44
Spongia canalata seu piniformis.	Tab. 40
Spongiæ ramosæ varietas.	Tab. 50
Solanum spinosum maxime tomentosum.	Tab. 5
Stramonium ferox.	Tab. 16
Thlaspi biscutatum Raphani aut Irionis folio.	Tab. 23
Thlaspi Latifolium platycarpon Leucoii folio.	Tab. 29
Tithymalus maritimus Juniperi folio.	Tab. 5
Tithymalus polycoccos Portulacæ folio.	Tab. 19
Trachelium capitatum hirsutum foliis gramineis.	Tab. 42

VIRO GENEROSO,

AC BOTANICORUM STUDIORUM AMANTISSIMO

D.no CAROLO HATTON,

CHRISTOPHORI HATTON BARONIS LIBERI ANGLIÆ

Filio natu Secundo

S. P. D.

*A*DMIRABILIS (*vir Generose*) *sapientia divina, qua natura ipsa omnia in mundani hujus systematis superficie vegetantia regit, ac gubernat, incredibili vegetabilium plantarum numero ac pulchritudine ludit per totum terrarum orbem. Si genera, formas, ac earum vires, seu virtutes intueamur, in omnibus hisce inexhaustam sapientiæ profunditatem in ipsis condendis comperiemus : hoc enim in prosequendo historiam nostram novam, methodo synthetica dispositam, nobis sæpe sæpius animadversum, cum in campis, tum in hortis ad publicam utilitatem constructis, simul & consitis. Præter omnes tam ab Authoribus descriptas, quàm à nobis per aliquot annos observatas, videmus Siciliam, Melitam, Cretam insulas, aliosque Europæ locos, nondum rite examinatos, novas formas, novasque species indies nobis suppeditare. Quid novas dico? Noviter detectas intelligo ; Sic plantarum hic numerus in hoc opusculo à*

*
Dom.

Dom. Paulo Baccone *exhibito contentus, novus dici meretur, quia ab ipso primùm repertæ, seu detectæ fuere ; tertio tamen creationis die (mea opinione) extitere, cum aliis plurimis, multis retro seculis detectis. Memini me sedecim abhinc annis, cum Blæsis Celsitudini suæ Aurelianensium Duci Gastoni Galliarum Regis Maximi, & Potentissimi Patruo Serenissimo, in Botanicis operam darem, eodemque tempore, privatorum meorum quorundam negotiorum gratiâ Parisiis degerem, tunc temporis, sæpissime ædes nobilissimi patris tui in suburbiis Divi Germani sitas subiiße. Eo aliquoties vocatus, te Discipulum in Botanicis instruendum suscepi, atque in hunc finem hortum Botanicum, à Gallis ipsis satis frequentatum, quippe satis luculentum, atque plantis rarioribus instructum, imo satis magnifice cultum, ac digestum in votis habuit nobilissimus tuus parens, (quod à nobis præstitum) cui defuncto etiamnum debitam voveo memoriam. Ibidem plurimas vidisti plantas, imo rariores, easque observatu dignas retinuisti, atque authores selectissimos perlustrasti ; quin & quæstiones plurimas scitu perdignas proposuisti, ut an effatum illud Dioscoridis esset verum, toties ab omnibus neotericis confirmatum, & celebratum, Videlicet,* Filici sunt folia sine caule, sine flore, sine fructu. *Item Cæsalpinus Doctissimus & emunctæ naris Philosophus, ac insuper Botanicus optimus, sequendo ductum Dioscoridis , aliorumque neotericorum cap. 7. lib. 16. asserit* Linguam cervinam, neque caulem, neque florem , neque fructum ferre. Polypodium florem & semen non fert *teste eodem , cap. 6. ejusdem libri. Item cap. 12. ejusdem libri,* Capillus veneris provenit sine caule, sine flore, sine semine. *Hujus erroris insimulavimus tunc temporis Dioscoridem primo, atque omnes ejus sequaces neotericos ; cum clare constet ca-*

pillares

pillares omnes, id est filices, polypodium, capillum veneris verum, adianthum, ceterach, polytrichum, rutam murariam, scolopendrium, seu linguam cervinam, imo & lunariam, ceterasque hujus farinæ omnes, flores, & consequenter semina, pulvisculi instar in dorso pinnarum ferre, atque sibi similes ex semine producere, non obstante decreto veterum & neotericorum Botanicorum ipsi mordicus sine ratione, sine experientia adhærentium. Juncos itidem omnes, flores & semina perfecta diversiformia talia, qualia in promptuario nostro seminario impræsentiarum conspicere licet, producere audacter asserimus. Cassutha sive cuscuta non in terra (inquit Doctissinus Fuchsius) sed in herbis fruticibusque nascitur, quos tam spisso sæpius irretit contextu, ut tentorii modo, herbosum cespitem à sole vindicet ; cacuminibus stirpium impendens, ipsas humi deturbat, propriamque parentem suis laqueis strangulat, ipsamque alimenti suctu perducit ad tabem. Hoc sæpius à nobis observatum, cuscutam lino, urticæ, cannabi, thymo, serpillo, genistæ, frumento innasci, quodque non mirandum pratorum gramina, imo ad plurima jugera prope Blæsas, inter oppidum, & villam dictam Chaumont, cuscuta onerari observavimus. Atque semen perfectum cuscutæ, tam urticæ, ericæ, lino, quam genistæ, graminibusque variarum specierum, etiamque trifoliis innascentis collegimus, eodem modo factum. Ex semine hoc suo proprio perfecto, atque in terram deciduo germinat, atque aliarum plantarum perfectarum more, ex eodem semine sese quotannis renovat, ac paulatim exeunte vere filamentis suis expanditur, vicinasque plantas amplectitur, atque postea fatiscentibus radicibus, sese filamentis per herbas, aut frutices quoscunque diffundit passim, tanquam ingrata hospes cuscuta, atque herbas fruticesque, quos semel arripuit,

longissi-

longiſſimis filamentis, ſeu claviculis, tam arƈto nexu compleƈlitur: ut planta paraſitica hæc cuſcuta, eorum genium defraudet, ſubduƈtoque alimento eos penitus enecet aliquando: nullis viſibilibus poſtquam in altum conſcendit nixa radicibus, (unde à Gallis vocatur Goute de lin, & augurre de lin, & ab Anglis, Italis, Polonis, herba inferna, ſeu viſcera diaboli dicitur) quibus tamen è terra primò erumpens haudquaquam deſtituitur. Flores per capreolorum mæandros nullo ordine ſed confuſe naſcuntur glomerati, quorum ſingulares floſculi ſubrubentes, aliquando albicantes, 4 foliolis radiatis conſtant: fibrillis purpureis medium occupantibus, atque capitulis ſuccedentibus, ſemina inſunt rotunda papaveris magnitudine paria. Nec hoc mirum, cum idem præſtat hedera helix, inter lignea materia conſtantes plantas: dum enim hedera helix, longe lateque per terram ſparſa, nunquam fruƈtificat, ſed poſtquam vetuſtam arborem, aut antiquum murum conſcenderit, abſciſſa imâ radice è terra primulum orta, corymbos Baccarum nigrarum proveƈtior copioſe gerit, faciemque mutat, folia tunc ſunt rotunda, paululum tamen mucronata; aſt adhuc dum per terram repit, anguloſa eadem fert. Eſt tamen hæc, hederæ una & eadem ſpecies pro loco, & ætate varians. Tibi igitur (vir Geneoroſiſſime) dijudicandum relinquo, quam inepte authores ante Baubinum ſcribentes, atque ipſe Caſp. Baubinus eoſdem ſequutus, aliique eorum veſtigi's hucuſque inſequentes, duas diſtinƈtas unius & ejuſdem hederæ ſpecies conſtituerint. Eſt enim proveƈtior hedera frutex paraſiticus, vivens ſine radice in terra, aſt cirrhis fibrilliſve in corticem arboris, aut rimas murorum adaƈtis vivit; ſicut etiam & cuſcuta filamentis arƈte amplectentibus vicinas quaſque plantas eſt herba paraſitica, ſeſe itidem (proveƈtior) ſine radice nutriens. Inſuper pro variis herbis ac

frutici-

fruticibus, quibus innaſcitur, varie poteſt cuſcuta denominari, variiſque etiam virtutibus gaudere. Unde dicitur epithymum, epiurtica, ſeu potius ἐπιαιϲαλίφη, epierica, epioriganum, epilinum, epigeniſta, epiſerpillum, epigroſtis, epitriphyllon, &c. Dodonæus aſſerit Caſſuthaɯ flores edere parvos, cirrhos ipſos quibuſdam locis ambientes, à quibus ſemina quædam exigua, ſed inutilia prodeunt: folia habet nulla, radicibus nititur nullis, in terra enim non gignitur, ſed fruticibus herbiſque innaſcitur. Nec poſſum ego ſatis admirari Dodonæum,·alioſque ipſum ſequentes. Nec lubenter poſſum præterire Ruellium, qui citat Draconem hortenſem, ſeu Ptarmicam hortenſem mirabili modo naſci, ſcilicet ex ſemine lini Raphanis, aut ſcillæ bulbo incluſo, & terra obruto. Quam ridiculum, & abſurdum ſit hoc, inter cetera ab authoribus neotericis recepta, quivis ſanæ mentis Botanicus nobiſcum (vir Generoſiſſime) judicare poterit. Semen difficulter ferre Dracunculum hortenſem fateor, quia tanta facultate rependi radicibus prædita eſt hæc herba, ut raro ſemina ad perfectionem perducat (quamvis etiam nonnunquam) ut ceteræ omnes nimia rependi facultate donatæ plantæ, ut Raphanus ruſticanus, Ceanothos Theophraſti Colum. ſeu carduus vulgatiſſimus viarum Ger. naſturtium Babylonicum, Lob. aliæque plurimæ, penes experientes, & ſemina colligentes eſto fides. Amant ſuos locos, ſeu natales capillares, cuſcuta, hedera, Junci diverſi, ut ceteræ plantæ perfectæ, flores, & ſemina ſua producentes, atque ex iiſdem ſeſe propagantes. Hoc publice profari volui, quod privatim tibi inculcaveram: ſed nunc revertamur ad rariores haſce plantas Siculas & Melitenſes Domini Pauli Boccone Panormitani, viri certe laude digni. Plantas novas fere omnes (perpaucis exceptis) à nemine quod ſciam deſcriptas, ab ipſo Authore

Authore tibi commiffas, cum iconibus æri infculptis, Authoris rogatu, mihi perluftrandas commififti; hafce rariores (cum ut notiores omnibus Botanicis redderentur, tum ut Authorem pariter illuftriorem redderent) typis Oxonienfibus committendas curavi, ne diutius in tenebris laterent, blattifve aut tineis exponerentur, fed ut paffim inter Botanicos Europeos fulgeant, eoque folo fine, ut interdicantur derifores & momi ne noceant noftro authori, qui pauculas has rariffimas ftirpes novas, non minimo ftudio, & labore detectas publico exhiberi hic voluit, imo efflagitavit. Author nofter per multos annos algoris, caloris, & indefeffi laboris patiens, ejus eft candoris, atque indolis bonæ, ut errorem (fi quando occurrit) libentiffime fateatur, atque feipfum corrigat, & ab aliis emendari, muneris non exigui loco fit habiturus. Concludimus ipfum Botanici fidi, ingenui, ac induftrii partes egiffe, atque infuper laboribus hifce fuis exantlatis, plantarum novarum indagatoribus, earumque avidis cultoribus profuturum. Apud me vicit veritas, atque opufculum dignum, quod lucem meretur; pervicit perfuafio tua ut hic imprimeretur & authori, & mihi. Quare cum tantum tibi debeam (vir Generofiffime, qui meos aliquid putes effe labores) in hoc ficut in aliis tibi morem gerens, id effectum dedi: ductus partim exhortatione tua, partim benevolentia & humanitate qua botanicos ftudiofos omnes profequeris, & inter ceteros Authorem noftrum. Tabulas 45 apud exteros vitiofe fatis fculptas, & plantarum ibidem contentarum nomina perperam adaptata refici, quin & infuper feptem poftremas Tabulas de novo ex plantis ficcis hic delineari, ac fculpi tuis fumptibus (ut votis tuis fatiffieret) curavimus. Macte virtute, prodeant atque publici juris fiant læ rariores Siculæ, atque Melitenfes, &c. nondum exhibitæ

bitæ in Φιλοβοτανιων usum, sine cunctatione. Vnde enim majus animorum vinculum, quam ex similibus studiis, & exercitiis præsertim liberalibus? Quare scientia multifaria, ac virtutes tuæ Heroicæ, quin & studium Commune naturalium rerum cognitioni impensum, faciet ut præter observantiam & cultum, nunc etiam amorem tibi publice debere sincere profiteatur Author noster, atque etiam

Oxonii
Datum ex musæo nostro
in Collegio Dicto Universitatis Octobris 4.
1673.

Tuus Devinctissimus &
Humillimus Servus

ROBERTUS MORISON.

Medicus Botan. Professor Regius, nec non Universitat.
OXON.

ERRATA.

Pag. 36. l. ult. leg. *son Hippomarathrum.* p. 42. l. 18. post *minimum* interseratur ultima clausula, *ubi vitiose exhibentur*, &c. p. 71. l. 12. leg. *civitatis.* p. 75. l. 9. leg. *tenuifoliarum.* p. 85. l. 20. L. XLIV.

F I N I S.

Icones, & Descriptiones
RARIORUM quarundam *PLANTARUM*
Provenientium in
Sicilia, Melita, Gallia, & Italia.

Panax Siculum, semine hirsuto, foliis Pastinacæ latifoliæ, sativæ.

RADIX pro plantæ ratione parva : maximus *Caulis*, humanam altitudinem seu proceritatem non raro superans, uncialis crassitiei, in plures ramos distributus, ruber, lævis, rectus, intus fungosus : *Folia* quam Pastinacæ sativæ latifoliæ ampliora, tenuibus nervis obsessa, lobis quasi rotundis, figura penè cruciformi, latè expansa, atque lucida : *Umbellæ* amplæ : *Flos* albus : *Semen* longum, crassiusculum, striatum seu sulcatum, exterius candidâ lanugine hirsutum ; quâ exutâ, Semen grano Secalis aut Tritici figurâ & colore par est. Caule vulnerato interdum sponte lacryma exit, concrescitque colore flavescente. Hujus meminit *Cæsalpinus*, aliique sine Icone, quam studiosorum Botanicorum oculis subjicere voluimus. Non solum *Panormi*, ubi pro *Dabiso*

2 *Plantæ ex Sicilia, &c.*

bifo notum, fed & in tota *Mararæ* valle, locis incultis & afpe-

Panax ruculum semine hirsuto.

ris copiofe nafcitur, & appellatur ibidem à colonis *Ferla*,
feu *Ferra Saracinifca*. Variat foliis quandoque glabris, quandoque hirfutis.

Explicatio I. Tabulæ.

In Tabulâ I. A. *radicem & folia fub exortum ex eadem radice
indicat.* B. *Petalum integrum, cum lobis fubrotundis parvo
medio feu petiolo adhærentibus.* C. *Caulem craffum in ramos
diftributum, & floribus oneratum.* a. a. a. *Pericarpium craffum,
ftriatum, lanuginofum, bina femina intus latentia continens.* b.
feminis inde exemti partem convexam, fulcis feu ftriis præditam. c.
partem ejus concavam. D & E *foliola tenella ex radiculis teneris
fub exortum è terra.*   *Malum*

Rariores, nondum exhibitæ. 3

Malum Aurantium Lauri angustis foliis.

MAlus hæc Aurantia solâ varietate *Foliorum* à cæteris suæ classis distinguitur; eaque quandoque unciam lata sunt, quatuor longa, acuminata, circum ramos dense congesta, Lauri

angustifoliæ, vel Rhododendri æmula. *Fructum* cæterasque partes cum reliquis communes habet. Prope *Pisas* in horto *Francisci* colitur.

Malum Aurantium malo Citrio prægnans.

COrtex hujus mali aspectu, odore, & sapore, malum Aurantium repræsentat: hoc avulso, qui vulgaris est crassitiei, visitur

A 2

visitur tenuis *Cuticula*, quæ medullam albam, mali Citrii substantiâ pulposâ refertam complectitur; mirâ graviditate latente sub Aurantii cortice, quæ malo alteri dissimilis ratione saporis & odoris. Sub nomine *Aurantio cedro* studiose colitur in hortis *Messanæ* & *Rhegii*.

· Explicatio Tab. II.

In Tabulâ II. A. & A. *ramum mali Aurantii Lauri angustis foliis indicat.* B. *Malum Aurantium malo Citrio prægnans.* C. C. C. C. *corticem exteriorem hujus Aurantii Cedri.* D. D. D. D. *involucrum secundum mollius multo Cortice, & Pulpa interiore durius.* E. E. E. E. *Pulpam humore seu liquore Acri-acido prægnantem.* F. *Meditullium (ejusdem consistentiæ cum involucro secundo) cui Vesiculæ coriaceæ annectuntur.*

Heliochrysum Abrotani feminæ foliis.

TEnues sunt huic *Virgulæ*, fragiles, pedales: *Foliis* circundatæ oblongis, angustis: *Denticulis*, quam Abrotani feminæ longioribus, nonnihil candicantibus: *Flores* in fastigio cauliculorum umbellati, luteo auri colore fulgentes, Heliochrysi aut Stæchadis citrinæ floribus, colore & odore persimiles. Semen à *Perside Florentiam* allatum à *Reverendo P. Tani*, Ordinis *Prædicatorum*, tempore *Serenissimi Cardinalis Johannis Caroli Medices*, plantam hanc in hortis Florentinis *Celsissimi Magni Hetruriæ Ducis* produxit.

Rariores, nondum exhibitæ. 5

Nasturtium montanum Asari foliis.

NAsturtium hoc *Foliis* est rotundis Asaro similibus, ambitu nonnihil sinuatis: *Flos* albus: *Siliquæ* longæ, innumeræ, quæ maturæ ad levissimum contactum dissiliunt: *Radix*

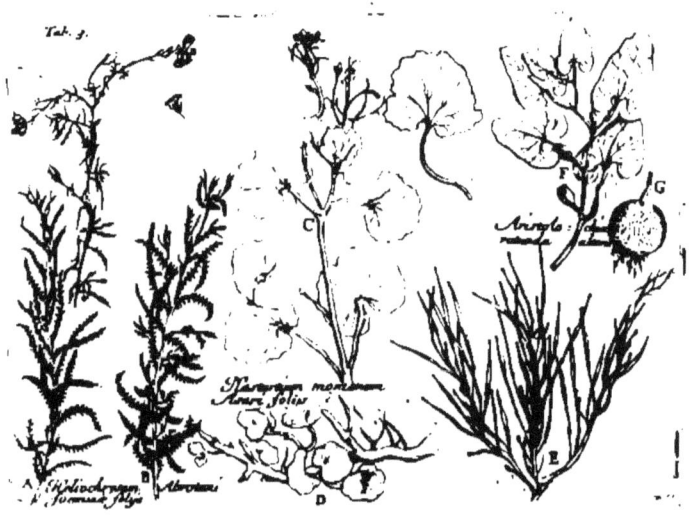

subest crassa, cava, nodosa, serpens aut repens, tenuibus fibris subinde ad nodos enatis, terræ se affigens. Perpetuum est, & *Cochlearia Italica* quibusdam dici meruit. Circa fontes & rivulorum margines montis *Bargæ* in *Hetruria* crebro nascitur.

Aristolochia.

Aristolochia rotunda altera.

ARistolochia hæc altera rotunda, *Cauliculis* est crassis, ad cubitalem longitudinem humi projectis : *Foliis* formâ & colore, rotundæ vulgaris multo majoribus, longioreque *Pediculo* nitentibus, cæterisque partibus etiam proportione respondentibus. Eam accurate descripsit *Clusius*, quem consulat Lector. Indigitata mihi fuit in silvula ad radicem Montis *Madoniæ*, à Doctore *Johanne Rustici* Medico erudito.

Explicatio Tabulæ III.

In Tabula III. A. *Heliochrysum floribus onustum indicat.* B. *Idem sine floribus.* C. *Nasturtii ramum foliis & floribus onustum.* D. *ejusdem radicem.* E. *Ramusculos superiores Siliquis refertos.* F. *Aristolochiæ Ramum foliis & floribus ornatum.* G. *Ejusdem radicem rotundam cum Fibris infra positis.*

Sedum Siculum, maritimum, vermiculatum, flore Saxifragiæ albæ, semine villoso.

HÆc *Plantula* Sedi aut Kali speciebus annumeranda venit, *Caulibus*, *Foliis* acutis, & vermiculatis, illis omnino persimilis. *Flores* promit Saxifragiæ albæ bulbiferæ : *Semen* villosum utriculo involutum, non absimile Semini pentagono, quod in Gelsemino Peruviano conspicitur. Frutescit ut plurimum Thymi capitati modo in maritimis ad *Granarium Agrigentinum*.

Secu-

Rariores, nondum exhibitæ.

Securidaca Sicula siliquis foliaceis.

PRomit hæc *Caulículos* palmares, rotundos, in plures ramos divisos, interdum erectos, *Siliquarum* pondere subinde versus terram reclinatos : *Folia* Securidacæ per extremum cordata : *Flores* in longis *Pediculis* subalbicantes ; sub-

sequentibus *Siliquis* latis, crassis, duplice serie seminum oneratis, Viciæ sesamaciæ Apulæ *Columnæ* formâ (cui omnino conformis) accedentibus, unciam longis, in aduncum mucronem abeuntibus : *Semina* autem fert ad Astragali formam accedentia.

Passim

Paſſim inter ſegetes circa conventum *Sancti Viti*, & alibi, viget æſtate.

Pſyllium laciniatis foliis.

HOC *Capitulis*, *Flore*, & *Semine* à cæteris ſuæ ſortis nihil differt; *Foliis* ſolum laciniatis, vel potius ut in Coronopo, additis quibuſdam appendicibus veluti ramoſis, ab iis diſtinguitur. *Calceolarius* in enumeratione plantarum provenientium in *Monte Baldo* hujus meminit ſub nomine Pſyllii foliis Coronopi. *Caſparus Bauhinus* ejuſdem mentionem facit in Prodromo : an ſit idem cum noſtro divinare non audeo. Annuum eſt. Prope *Melillim* & *Saccam* reperitur.

Explicatio Tabulæ IV.

In Tab. IV. A. *Radicem & folia Pſyllii per terram ſtrata indicat.* B. *Ejuſdem Caulem capitulis & foliis onuſtum.* C. *Sedi maritimi ramuſculos.* d. *cjuſdem ſemen.* e. *florem.* f. *pappum.* G. *ejuſdem plantæ Caulem unicum, longiorem.* H. *Securidacam in plures ramos diviſam.* i. *Siliquam ejus aduncam.* k. k. *Semina inde exemta.*

Solanum ſpinoſum maxime tomentoſum.

RAdix hujus Solani longe lateque eſt repens : *Cauliculos* promit pedales, ſubinde ſeſquipedales, *Aculeis* mordacibus ſeu pungentibus frequenter armatos : *Folia* per nervorum longitudinem, inferne, & ſuperne paribus ſpinis infeſta, in margine leviter ſinuata, utrâque parte pingui tomento

Rariores, nondum exhibitæ. 9

mento obseſſa ; *Flores* Borraginis facie : *Capsulæ* seminis (ut Florentiæ vidimus) atque *Fructus* Capparis formâ. Cum nullus Author Classicus (quod sciam) ejus meminerit, rarissimæ Plantæ hujus Iconem pauculis meis addidi.

Tithymalus maritimus, Juniperi folio.

Hic, Tithymali arborescentis facie fruticat : pedali, & altiore quandoque est *Caule*, supernè variis ac multipli-

cibus ramis distincto, valde comoso ; tenuibus *Foliis*, copiosiſſimis, longiſſimis, Juniperi formâ, sed mollioribus &
                B   minoribus

minoribus circumveſtito, ad Tithymali leptophylli figuram accedentibus. *Flores* & *Capſulæ* ſeminales aliorum Tithymlaorum more (id eſt, fructum tricoccum) profert. Perpetuus eſt. *Maſſiliæ* in maritimis oritur.

Helleborus minimus Alpinus, Aſtrantiæ flore.

IPſiſſimus eſt hic, qui à *Caſparo Baubino* bellè deſcribitur in Prodromo, niſi quod folia noſtri etiam in exortu in quinque partes diviſa ſint, quarum ſingulæ longiores ſunt, & anguſtiores quam Hellebori *Baubini*, qui folia ſuo unguem pollicis lata, in ſeptem lacinias breves & anguſtas diſſecta attribuit ; quod forte ab ingenio ſoli oritur. *Radices* ſubſunt nigræ, & tenues. Gignitur in vertice *Paniæ* montis, in *Hetruriâ*.

Explicatio Tabulæ V.

In V. Tab. A. I. *Solani tomentoſi caulem foliis & ſpinis armatum indicant.* B. *Folium ejus inferius & majus.* c. *Floris partem anteriorem.* e. *Ejuſdem partem poſteriorem.* d. d. *Semina.* E. II. *Tithymalum maritimum Juniperi foliis ramificantem.* F. III. *Helleborum minimum Alpinum, foliis, caule, & floribus folioſis, Aſteris ritu cinctis, prægnantem.* G. *Radicem ejus fibroſam & folia per terram ſtrata.* H. *Cauliculum & Florem apertum.*

Rubia ſemine duplici, hiſpido, latis & hirſutis foliis.

QUadratis *Cauliculis* erigitur, cubito altioribus, *Foliis* circum genicula quaternis, decuſſatis, magnitudine, forma,

Rariores, nondum exhibitæ. 11

formâ, atque hirsutie, Cruciatæ *Dodonæi* simillimis. Fastigia cauliculorum, in ramulos tenues divisa, decussatis

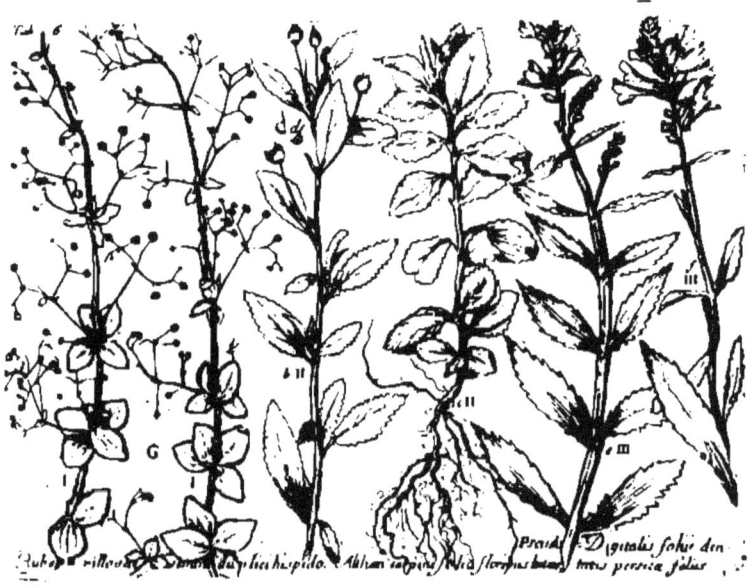

etiam *Floribus*, Geminum *Semen*, & illud hirsutum, sustinent. Solâ foliorum hirsutie, & magnitudine à Rubiâ semine duplici, hispido, *Johannis Bauhini* variat. In Ilua silvâ vidimus, eandemque illic legimus.

Althæa Carpini folio, flosculis luteis.

HUjus peregrinæ plantæ *Caulis* est rectus, rotundus, cubitalis, ramosus : *Folia* ad Ulmæ, Carpinive faciem accedentia;

cedentia : *Flosculi* lutei, minimi, longis pediculis innixi, succedentibus orbiculatim Malvæ, five Althææ modo *Seminibus* aculeatis, feu roftratis, atque pungentibus. Perit fingulis annis, in *Italia* Melochiæ fpuriæ nomine nota : ibidem, & in *Gallia* colitur in hortis omnibus Botanicis. Defcribitur à D. *Morifono*, Prælud. Botanic. p. 229.

Pfeudodigitalis, Perficæ foliis.

FRequens eſt in hortis *Pifanis*, & *Florentinis*. A D. *Morifono* Profeffore Botanico Regio, & Univerfitatis *Oxon.* fub Galeata & Verticillata Perficæ foliis defcribitur, Prælud. Botan. p. 275. ideoque illius folummodo figuram appofui. Sed cum Digitalis fpeciebus neque capfulâ feminali, neque femine conveniat, Pfeudodigitalis nomen cum Parifienfibus adaptavi, donec melius & aptius ei quadrans inveniatur. *Flore* amplo, violaceo, Digitalis inſtar, Digitalem fefe proderet ; nifi capfula feminalis, & femina Verticillatarum more (ut cuilibet proprius intuenti apparet) aliò ipfam reducendam declararent.

Explicatio Tabulæ VI.

In VI. Tab. I. G. I. *Rubiæ femine duplici, bifpido, latis & hirfutis foliis, binos caules indicant.* b. 11. *Althææ Carpini foliis, flofculis luteis, caulem, foliis & feminibus aculeatis in capitulum congeftis ornatum.* c. 11. *Radicem & caulem inferiorem foliis tantum onuſtum.* d. *Semen roftratum.* e. 111. *Caulem Pfeudodigitalis, Perficæ foliis.* F. 111. *Ejufdem caulis fummitatem floribus prægnantem.*

Chondrilla

Rariores, nondum exhibitæ. 13

Chondrilla Sicula Tragopogonoides maritima.

R Adix hujus plantæ candida, fragilis, digitalis pene crassitudinis, altè in terram depacta, superne in tres, aut quatuor partes divisa, ex quâ *Caulis* oritur pedalis, & al-

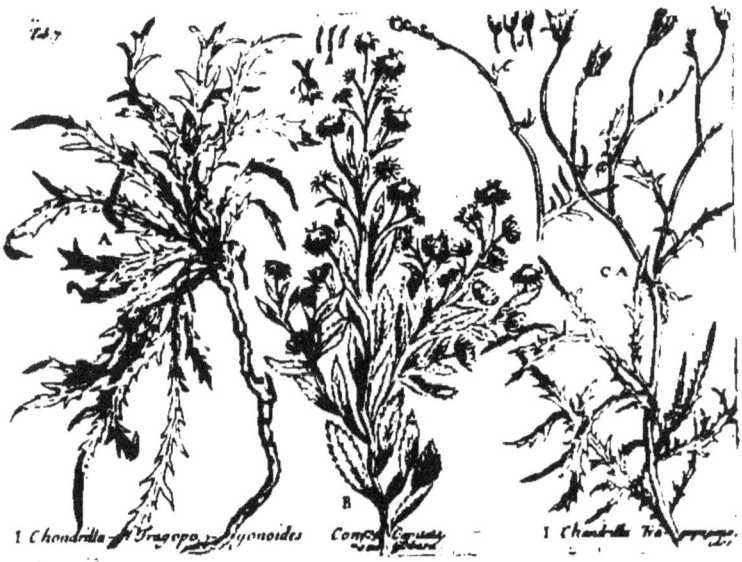

1 Chondrilla Tragopogonoides   Con   1 Chond Tr

tior, pluribus alis ramosis donatus, concavus: *Folia* Resedæ divisurâ. *Flos* & *Semen* ut in Chondrillis, & cæteris Tragopogonis speciebus conspiciuntur. In arenoso maris litore nascitur; in *Catanæ*, *Agrigenti*, & *Saccæ* pastoralibus agris passim obvia.

Conyza

Conyza major capitata, seu globosa.

R*Adice* constat satis crassâ; quin & *Caule, Foliis,* ut & *Odore* Conyzam majorem apprimè refert hæc planta: sed in flore id præcipue notandum, quod concrescat illius *discus,* seu *umbo* in globum, seu caput globosum, Lachrymæ Jobi figurâ non absimile; & insuper quod absolutis, & ad maturitatem perductis seminibus, sese aperiat caput globosum, atque *Semina* effundat in *Pappos* abeuntia; utique quod in medio capitis globosi infecta exigua ut plurimum gignantur.

Explicatio Tab. VII.

In Tab. VII. I. A. *Chondrillæ Tragopogonoidis radicem & folia inferiora, Resedæ instar divisa, humi procumbentia indicant.* I. C. A. *Ejusdem ramusculum foliis superioribus angustioribus, & capitulis onustum.* d. *Semina ejusdem papposa.* B. *Caulem ramosum Conyzæ globosæ, seu capitatæ foliis, capitulis, & floribus onustum.* c. *Caput singulare globosum cum pappo exiliente.* h. *Semina papposa inde exemta.*

Jacca Sicula, Cichorii folio, fl. luteo, capite spinoso.

C*aulis* huic angulosus, & cubitum altus est, quandoque reclinatus, multis aliis divisus, & concavus: *Folia* longa, aspera, duas, aut tres uncias lata, utrinque profundius dissecta, candicantia, *Foliis* Jaceæ Sonchi folio latiora. *Floribus* constat luteis, Spinæ solstitiali similibus. Capitulis, longis aculeis armatis, donatur. *Radix* alba, fibrosa. Circa *Saccam* nascitur

Rariores, nondum exhibitæ. 15

nafcitur; nec videtur illa, quæ fub Jaceâ cap. fpinofo longis aculeis à *Baubino* in Prodromo defcripta eft.

Malva Betonicæ folio.

HUmilis eft hæc Malvæ fpecies, *Cauliculo* palmari, & bipalmari, infirmo, & per terram ftrato, feu verfus ter-

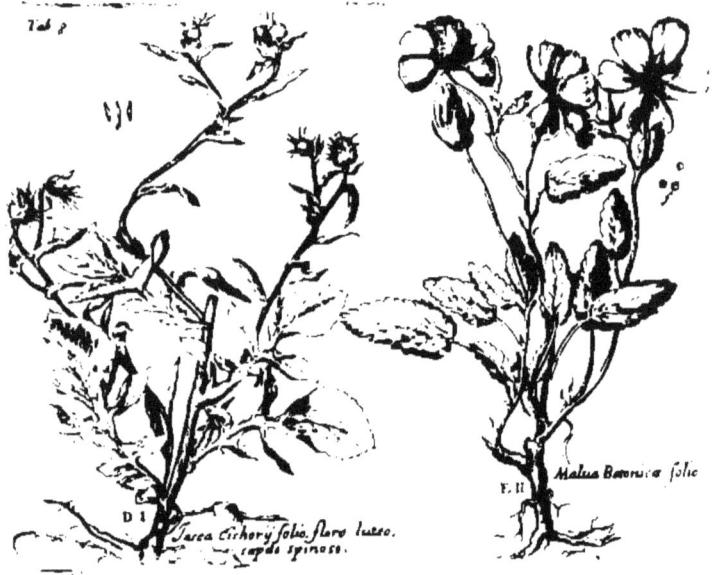

ram reclinato. *Foliis* in longioribus pediculis Betonicæ formâ conftat, minoribus in ambitu crenatis, circa cauliculos paucis, è quorum finu pediculus exit longus, *Flofculum* fuftinens Malvæ vulgaris facie purpurafcentem; fubeunte femine

mal-

malvaceo. Hetruriæ alumna est hæc Malva, quam in pratis, Illustrissimæ *Gaitanæ* Gentis *Terriccio* dictis, circa Pisas non fine tædio & molestiâ multarum circuitionum quasi latentem inveni.

Explicatio Tab. VIII.

In Tab VIII. D. I. *Jaceæ* Cichorii *folio, flore luteo, capite ſpinoſo, radicis partem ſuperiorem, & caulem medium foliis cichoriaceis, & capitulis ſpinoſis ex lateralibus caulibus ortis, ornatam indigitant.* e. *Semina pappoſa.* E. II. *Malvæ* Betonicæ *folio radicem, & caules procumbentes, foliis & floribus onuſtos.* f. *Semina* (aliarum Malvarum more) *deliquium patientia.*

Amaranthus Siculus spicatus, radice perenni.

FOlia hic gerit figurâ, & formâ Amaranthi vulgaris minora, atque paulo acutiora, molli candidaque lanugine, subtus argenteo nitore lucenti, conferta : nascuntur circa ramos multiplices, è radice lignoſa, atque perenni exſurgentes. *Caulis* pollicari craſſitudine perſæpe fruticat, eſtque juxta ſingulas alas quaſi nodoſus ; ſpica ſimplicior eſt, & exilior quam in cæteris ſuæ ſortis, neque ut Amaranthi ſpica vulgariter è pluribus compacta, ſed *Flosculis* dilutè rubentibus, longo ordine ſimpliciter ad cacumen uſque diſtributis conſtans ; ſubeuntibus conis perquam exiguis, iiſque deorſum nutantibus, in quibus *Semen* oblongum concluditur. Oritur locis *Catanæ* vicinis,

Rariores, nondum exhibitæ. 17

vicinis, & in *Hyblæis* Montibus reſtibili fecunditate luxuriat.

Explicatio Tabulæ IX.

In Tab. IX. B. *Amaranthi ſpicati perennis Siculi caulem foliis ſuperioribus & floribus ornatum indicat.* D. *ſeu* A. S. P. *Siculus, ejuſdem Caulem ſub exortum foliis inferioribus latioribus prægnantem.* e. *Capſulam quinquefariàm in margine partitam.* f. *ſemina.*

Alſine

Alsine maritima longius radicata, Herniariæ foliis, ex Sicilia.

Non despicienda est hæc Alsines species herbarum studiosis; neque enim se habet ut vulgaris. *Radice* nititur (pro

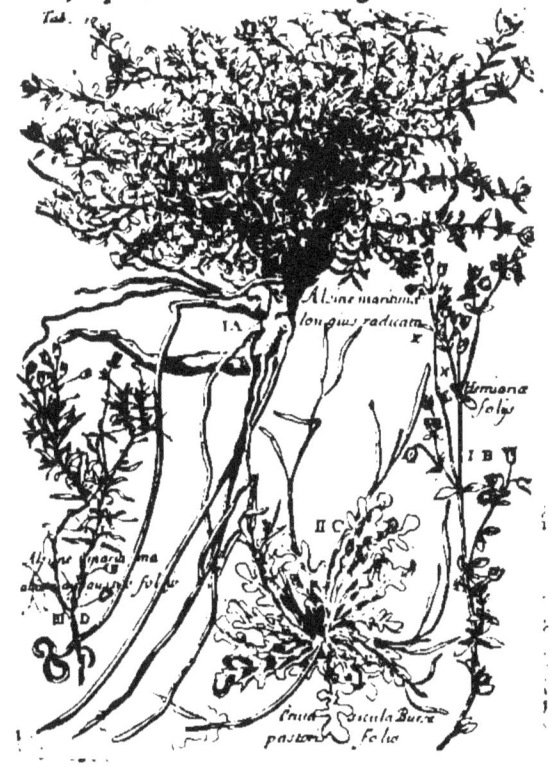

plantæ modulo) longa, crassa, dura, caryophyllorum & lychni-

Rariores, nondum exhibitæ.

lychnidum more, adnatis etiam appendicibus quasi ramofa, aut potius multis modis furcata : ab hac *Cauliculi* denso cespite plures gignuntur, circa quos *Folia* sunt varia ; uni quidem (in Sicilia) Herniariæ formâ & magnitudine ; alteri vero Alsines maritimæ Neapolitanæ *Columnæ: Flores*, & *Semina* sunt prorsus Alsines vulgaris : *Capsulas* vero non obfervavimus. Secundum foliorum varietatem, duas *Icones* appingere curavimus, videlicet sub Alsine longius radicata Herniariæ foliis, & Alsine angustis foliis.

Eruca pumila, Bursæ pastoris folio.

Humilis est *planta*,cujus radicis apici innascuntur *Folia* sinuata, Bursæ pastoris figura & magnitudine , pulchre dilute virentia ; *Caules* numerosi, reclinati : *Flos* luteus *: Siliquæ* mediocriter longæ, quæ *Semen* maturum tactæ exiliendo evibrant. In prodromo *Caspari Bauhini* descripta creditur. Exit ineunte Maio inter saxa oppidi *Montaperto*, non procul *Agrigento* ; in agris etiam *Lutetiæ* vicinis frequens reperitur, ubi Novembri mense vix unciam caulis excedit.

Explicatio Tabulæ X.

In Tab. X. I. A. *Alsines maritimæ longius radicatæ radicem polyschidem, & ramulos humi projectos,una cum foliis eisdem adnascentibus ostendunt.* X. I. B. *Ejusdem caulem unicum foliis, & capsulis seminalibus oneratum.* II. C. *Erucæ Siculæ Bursæ pastoris folio radicem tenuem, folia per terram strata, & caules siliquis oneratos.* III. D. *Alsinen maritimam alteram angustis foliis.*

20 *Plantæ ex Sicilia, &c.*

1 *Gramen bicorne, seu Distachyophorum.*

R*Adix* huic est *perennis*, innumeris fibris, quasi reticulato textu implicitis compacta; *Calamus* pedalis longior-

que, geniculatus, paucis foliis cinctus, ex quo adinstar juli recti

Rariores, nondum exhibitæ.

&ti triuncialis longitudinis exit è folliculo *spica*, rubente colore prædita, quæ per maturitatem Graminis dactyli modo in furcam dividitur, unde nomen bicorne impofuimus: ejufdem fpicæ glumæ in aculeos aut ariftas tenuiffimas & longas abeunt. Floret vere, ufque ad finem æftatis. Ne credas naturæ luxuriantis effe errorem, nam in *Hyblæis* montibus, & circumfufis campeftribus locis illic nullum Gramen frequentius occurrit.

Alfine Lotoïdes Sicula.

Hujus plantulæ fubrubentes, geniculati, & invalidi *Cauliculi* humi fparguntur: *Folia* quoad fubftantiam feu contextum, non numerum, quadantenus ad Loti Lybicæ *Dalb[ii]*, five Trifolii veficarii, feu Halecacabi *Cam.* figuram accedunt: *Flofculi, Capfulæ,* & *Semen* Alfines vulgaris modo verticillatim cauliculos ambiunt. Prope *Catanam* in paluftribus & humentibus locis inveni. Sub Alfine paluftri; minore, folio oblongo, defcribitur à *Baubino* in Prodromo.

Rapuntium urens Solonienfe.

R Adix eft huic minimi quafi digiti craffitudine, ex pluribus in apicem congeftis Afclepiadis modo, nec fine fibris: *Caulis* pedalis, & bipedalis, atque in udis etiam major: *Folia* uncias tres longa, unam lata, ambitu crenato dilute virentia: *Flores* è foliorum finu exeuntes purpureo-cærulei, in fundo integri, feu fiftulofi, per oras quinquefariam, feu in quinque fiffuras divifi, Cardinalis floris aut Rapuntii coccinei

nei quadantenus æmuli ; fubfequente femine ruffo, pellucido, capfulis triangularibus (Rapunculorum, feu campanularum omnium more) inclufo. Tota *Planta* perfervidi guſtus eſt, atque guſtata linguam vellicando quafi accendit, & urit : quin & è quacunque parte vulnerata lacteus fuccus emanat. In Ericetis *Regiæ* intra fepta *Chambort* paſſim in humidis viget. Et circa *Aureliam*, *Lutetiam* petens inveni. Etiam *Parifiis* in horto Regio cultum obfervavi.

Explicatio Tab. XI.

In Tab. XI. I. A. *Gramen bicorne, feu diſtachyophoron monſtrat*. II. B. *Alfines Lotoïdes Siculæ caulem, foliis, & capfulis feminalibus onuſtum. Atque ibidem capfulam feminibus inde exemtis appofuimus*. III. C. *Rapuntii Solonienfis radicem Afclepiadis more, & caulem inferiorem foliis ferratis onuſtum*. D. *Capfulas feminales*. e. *Semina minuta*. F. *Caulis fummitatem floribus onuſtam*.

Alfine Bononienfis non aculeata.

ALfine hæc noſtras humi procumbit, atque *Cauliculis* tenuibus, rigidulis, geniculatis, in plures *Ramufculos* diſtributis prædita eſt, circa quos *Folia* tenuia, anguſta, Tithymali leptophylli æmula, denfo ſtipatu invicem cohærent, quæ in fenefcente Planta, dum contrahuntur, aculeata videntur ; quod errandi forte occafionem præbuit multis, ut aculeatam Alfinen appellarent. *Flofculi* albidi, & *Capfulæ* aliarum more confpiciuntur. *Bononiæ* vidi, & ad vicum *Chantilly* fuburbanum *Sereniſſimi Principis Condei munificentiſſimi* Patroni noſtri.

Fungus

Rariores, nondum exhibitæ. 23

Fungus Siculus subcærulea pulpa, arillis flavis refertus.

Ungum hunc globosa figura, nonnunquam ovata, crescentem vidimus, nucis Juglandis magnitudine. Breviori &

Fungus subcoerulea pulpa arillis flavis donatus

crasso *Pediculo* terræ cohæret, *Cuteque* tegitur rugis quibusdam atque tuberculis exasperata, adeoque dura & crassa, ut corium repræsentet; *Pulpa* alioquin interiore, inchoata maturitate, subcærulea, absoluta *arillis* compluribus flavis referta. Hujus coriacei corticis decocto *Mesianenses* mulierculæ pannos lanasve subpurpurascente colore inficiunt. Autumni exitu mense Martio colligitur esui aptus, ubi & Catatumphuli nomine notus.

Fungus

Fungus Malicorii facie.

EST & hic quoque fungus notatu dignus, Mespili facie, lævis, vesicæ forma, nigricantis coloris, intermediis fibris terræ cohærens. *Pulpa* illi ut cæteris rara, sed *Cutis* per maturitatem dura, ad instar corticis Mali Punici. Oritur in silvis *Bargæ* in Hetruria.

Lychnis omnium minima, ex monte Argentario.

REctus huic (nec proposita figura major) *Cauliculus. Folia, Flos,* & *Capsulæ* quoque, quibus semina includuntur, Alsines hirsutæ sunt, singulis tamen multo minoribus. In monte *Argentario* inter saxorum rimas & hiatus frequens pullulat.

Explicatio Tabulæ. XII.

In Tab. XII. I. A. *Alsines Bononiensis bincs ramos foliis onustos ostendunt.* II. B. II. B. *Fungos subcærulea pulpa arillis flavis donatos.* III. C. *fungum Malicorii facie.* IV. D. *Lychnidem minimam ex monte Argentario foliis & capsulis seminalibus præditam.*

Peplis annua, foliis acutis, flore muscoso.

DOdrantalis est huic *Caulis,* subrubens : dum in hortis colitur, ampla laxaque *Umbella*, & quasi comosa, alioquin contractiori donatur, ubi natali loco spontanea est. *Folia* exigua è rotundo acuminata sunt, herbæ terribilis minora :

Rariores, nondum exhibitæ. 25

minora: *Flores* mufcofos gerit: *Semina* vero in capfulis ad
Echini formam aliquatenus involucris fuis accedunt. In agro
Lugdunenfi frequens inter fegetes reperitur.

Limonium marinum, fruticofum, hirfutum.

D Enfa ramorum digitalis craffitiei congerie fruticat Limonium noftrum minimum, oblongis, cordatis, hirfu-

tifque *Foliolis*, craffis etiam ac inftar Sedi cujufdam in
orbem compofitis, *Ramorum* cacumen occupantibus; è quorum centro *Cauliculus* interdum exit cum *Flore* & femine
uncialis,

uncialis, vel biuncialis, aliquando longior. Licet idem hoc videri possit cum *minimo Bauhini* in Prod. descripto, ob insignes tamen quas protuli notas, quibus ab isto *Bauhino* variat, hic inter hunc meum rariorum Plantarum fasciculum non immerito sibi locum vindicet. In Insula *Divæ Margaritæ*, & scopulis, saxisve ad oram maritimam *Galloprovinciæ* sitis, inveni plurimum.

Limonium maritimum minimum Bauh. *Prod.*

Figuram tantum exhibuimus, quod à nullo hucusque proposita sit, adhibita insuper descriptione ex *Bauhini Prodromo*. Tota Planta uncias quatuor vix excedit; nam ad radiculam oblongam, rufescentem, in summo divisam, *Foliola* minima, subrotunda, crassa, Sedi instar compacta, inter quæ *Cauliculi* unciales, pauculos *Flosculos* pallide rubentes, vel subcæruleos sustinentes, exsurgunt. Hoc in Insula quadam, non longe *Massilia* provenit.

Conyza Melitensis retusis foliis.

COnyza hæc *Melitensis* surculis pullulat pluribus pedalibus, rectis, ramosis, à duriore pilo subasperis, *Foliis* pariter hirsutis, inordinate *Caulem* ambientibus, oblongis, indivisis, Hyssopi, aut Oleæ *Foliis* non dissimilibus, atque per extremum retusis: *Flores* huic radiati, in cacumine caulium auri luteo colore splendentes; quibus flaccescentibus

Rariores, nondum exhibitæ. 27

bus fuccedunt *Semina*, quæ Conyzarum more in *Pappos* folvuntur. An defcripta fit, nihil afleverabo; certe inter raras & elegantes locum fuum merito tueri poteft. Gignitur inter difficultates, & acclives afcenfus faxorum & cautiom *Melitæ Infulæ*, fub *Patrum Capucinorum Cænobio*, ubi Dominus *Bonamicus* Medicus eruditus Anno 1668. nobis primo monftravit, atque ejufdem natales indicavit.

Explicatio Tab. XIII.

In Tab. XIII. I. F. *Peplin annuam foliis acutis indicat.* II. G. *Radicis partem fuperiorem Limonii maritimi fruticofi, ramufculis & foliis oneratam.* X. *Ramufculum foliis diftinctius appictis.* III. H. *Limonium maritimum minimum, Bauh. Prod.* IV. K. *Conyzam retufis foliis ex Melita ramofam.* a. *Ejufdem femen pappofum.* IV. L. *Ejufdem cauliculum foliis retufis longioribus.*

Lychnis foliis glabris, calyce duriore.

EX Siculo femine *Luteriæ* fato nata eft *Planta*, *Caulibus* pedalibus, gracilibus, geniculatis, ramofis donata, *Foliis* ad fingulos articulos binis fibi oppofitis, anguftis, duris, per extremum acuminatis, prorfus Vetonicæ Caryophylleæ æmulis: *Floribus* ornatur in faftigio eauliculorum ex calyce oblongo, canulato, dilute purpureis, quinque petalis præditis, Pfeudomelanthii fimilibus; quibus evanidis fuccedit oblongum *Pericarpium*, longiori pariter pediculo donatum, *Semine* minuto, fufco prægnans. In proclivis circa *Meffanam* locis copiofe nafcitur.

Paftinaca

Pastinaca tenuifolia Sicula, hirsuta, crispa.

PEdalis est hæc planta, subinde majoris altitudinis: *Caulis* illi rotundus, hirsutus: *Folia* crassa, crispa, & illa

quoque non leviter pilosa: *Umbella* latior, Crithmi spinosi forma, at *Semina* asperiora quam silvestris angustifoliæ vulgaris. Inter *Leocatam* & *Agrigentum* nascitur, in scopulo dicto *San Nicolo*.

Ranunculus Alopecuroïdes Ajugæ foliis.

EST *Plantula* hæc radice parva: *Foliola* habet plura, hirsuta, Ajugæ foliorum divisura valde æmula, exiliora tamen

Rariores, nondum exhibitæ. 29

men, ac longiora, sæpe iterum atque iterum divisa: *Cauliculi* plures enodes, aphylli ; quorum summitati *Flosculus* luteus quinque foliis constans insistit ; quo evanido, assurgit *Spica* leviter pilosa uncialis, biuncialis, ex *Siliquis* pluribus falcatis, sibi invicem dense congestis atque compactis, conflata, in quarum interstitiis reperiuntur *Semina* arcte rotatim addacta per intervalla : tota *Spica* (uno verbo) caudam parvam vulpinam refert, unde nomen à nobis inditum. Describitur pro Melampyro ab adversariorum autoribus. A D.no *Morisono* pro Ranunculo exhibetur *Præludiorum Botan. pag.* 299. & bene. Præcox est, & annua Plantula. Nascitur prope *Massiliam*, & *Aquas Sextias* in *Galloprovincia*.

Explicatio Tabulæ XIV.

In Tab. XIV. I. L. *Lychnidem glabris foliis Calyce duriore repræsentat.* II. M. *Folium integrum cum pediculis suis lobis ornatis pastinacæ hirsutæ, crispæ, tenuifoliæ.* II. M.e. *Caulem foliis superioribus & semine onustum.* III. N. *Ranunculum Alopecurcidem Adjugæ foliis.* III. O. *Ejusdem figuram ramosam & contractiorem.*

Atriplex minima, angustifolia, maritima.

F*Olia* huic angusta sunt, Antirrhini minimi facie, incana pulveris marisque aspergine semper sordentia : *Semina* in exiguis nodis, capituli modo: in unum conjectis, singulis tamen binis foliolis inclusis, *Spicam* quasi racemosam componunt, Kali minimi forma. A *Bigarone* Pharmacopola ex *Stæchadibus* allatam habui. Planta non multo major Icone est.

Corono-

Coronopus Siculus, fruticosus, platyphyllos.

Nihil differt ab aliis Coronopi speciebus hic, nisi quod crassa *Radice*, atque in summo multipliciter brachiata

quasi frutescat. Ei *Folia* sunt hirsuta, lata, brevia, paululum in ambitu divisa, quæ denso cespite *Plantam* coronant. In plaga maritima *Brazzetto* dicta, prope *Pachinum Promontorium* videre licet.

Clematis

Clematis tetraphylla Americana.

RAra hæc, & peregrinæ elegantiæ *Planta*, ad Clematidum genus, & earum ſtirpium numerum, quæ adminiculis fulciuntur, revocari debet. Promit illa à *Radice* perenni, lignoſa, *Caules* plurimos, quorum qui vetuſtiores, lignoſi quoque ſunt, novelli vero teneriores, prolixi, geniculati, rotundi, graciles juncis, lyrarum fidiumve chordis pares, quibus tanquam *capreolis*, & *viticulis* uſa (leguminum, & bacciferarum ſcandentium more) pergulas, aut pedamenta proxime aſtantia, hortenſeſque ſcenas ſcandit, quibus facili negotio inneċtitur, illaſque conveſtit ; *Foliis* quippe luxuriat, quum è ſingulis geniculis, bini *Pediculi* contra ſe poſiti naſcantur, binaquẽ ſinguli *Folia* ſuſtineant longa, pulchre virentia, ad Mali Perſicæ ſive Hemionitidis vulgo exiſtimatæ faciem colore ſuo accedentia, inter quæ medius exit *Capreolus* intortus, quo adminiculo quæque prope aſſiſtentia apprehendit. *Flores* ſecundum *Cauliculos* ad foliorum exortum è *Pediculo* unciali pendent, decenter incurvi, oblongi, cavi, rotundi, forma atque magnitudine florum digitalis lutei minoris, per oras ſimiliter inciſuris quinque varie diviſi, colore qualis in Avellanæ nucis cortice, vel Cannella aut Cinamomo vulgariter ſic dicto conſpicitur ; quatuor intus ſtaminibus, ſingulis *Apices* binos gerentibus foliaceos, nigricantibus maculis notatos, ſubſequuntur *Siliquæ* figurâ Smilacis hortenſis quibus *Semen* includitur. *Florentiæ* vidi in hortis illic peramænis. Hyeme ſupereſt, frigoris (ni acerrimum fuerit) patientiſſima.

Explicatio Tab. XV.

In Tab. XV. I P. *Atriplicem angustifoliam maritimam minimam indicant.* II. Q. *Coronopi radicis partem superiorem plurifariam furcatam, foliis latis & caulibus spicis oneratis.* III. R. *Clematidem tetraphyllam.* a. b. *Ejusdem florem unifolium in mar- quinquefariam incisum.*

Frumentum Indicum spica divisa, seu polystachites.

QUantum vulgare frumentum assuetis oculis gratum & jucundum, tantum rarioris spectaculi semper erit, triti-

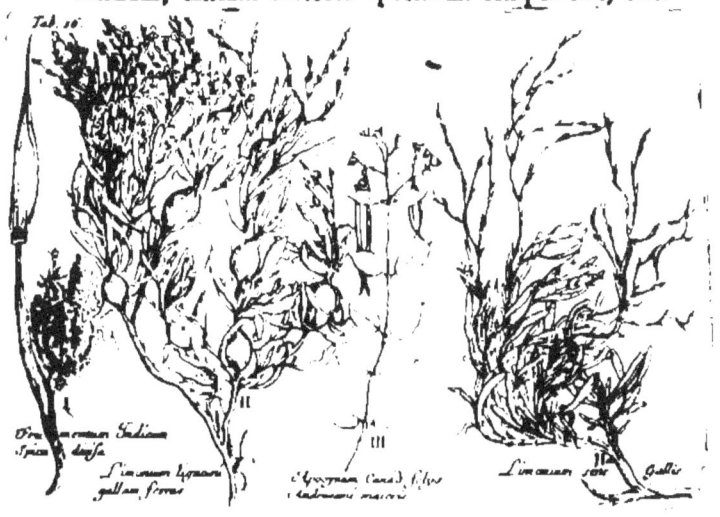

cum Turcicum, quod *Mais* vocant, ob *Spicas* prægrandes, atque torosas,

Rariores, nondum exhibitæ. 33

torofas; rarius vero, & fpectabilius illud ipfum videri poteft, ubi quis *Spicas* illas in plures findi obfervaverit. Nam, ut in

Tab. 17

tritico noftro quandoque fieri contingit, in hoc *Indico* alias *fpicas* minores circum adnatas veluti *Ramos* fpargere obfervamus, ut ex *Icone* noftra primo intuitu quivis difcere poteft. Nunquam ceffat natura, in magno gaudio fertilitatis fuæ, ulterius progredi, in iis autem maxime, quæ homines juvant, aluntque. Ipfius hujus tritici peregrini calamo adnatos

E

natos sæpenumero observavi fungos, ceparum instar, è pluribus tunicis compactos, qui tandem nigrescentes in pulverem abire. In *Calabria* inveni ad pagum & *Cænobium Sancti Dominici Soriani.*

Limonium lignosum, Gallas ferens.

Pulcherrimum profecto est Limonii hoc genus, etiam bacciferæ Salviæ, in calidis *Cretæ* locis provenienti, raritate & elegantia par. *Radix* ei lignosa, coloris rubri Brasilii, humano crure subinde crassior atque prolixior : ab hac *Cauliculi* plures, in multiplices alas distributi, humi sternuntur Polygoni maris modo, circa quos *Folia* Oleæ vel Halimi vulgaris æmula conspiciuntur, tactu aspera : quandoque una cum *Cauliculis* (supra quam cuiquam credibile est) numerosa gallarum, seu potius nodulorum, seu tuberum provenientium copiâ onusta *Ramorum* pars superior. Ex iisdem gallis nodulisve, atque ex ipsius plantæ foliis sæpenumero procreantur & protruduntur oblonga foliola furcata, versus extremum ungues avium referentia, ac sursum erecta, quorum è sinu alternatim exeunt *Flores*, Plumbaginis aut Syringæ cærulæ *Florum* forma : Gallæ autem interdum quernæ glandis magnitudinem æquant. *Agrigenti* locis incultis magna fœcunditate, majorique nobis oblectamento luxuriantem plantam, *Gallis* nodulisve suis venuste oneratam, offendimus.

Rariores, nondum exhibitæ.

Limonium lignosum Gallis viduum.

OMnibus suis partibus supradicto Limonio non absimile esset, si gallos nodulosve proferret, paremque *Foliorum* magnitudinem assequeretur. Ad *Pachynum Promontorium* in loco *Brazzetto* dicto visitur.

Apocynum Canadense foliis Androsæmi majoris.

HÆC planta raritate atque elegantia insignis, *Arbusculæ* more erigitur : *Caule* pedali & longiori, enodi, aphyllo, subrufo, superne in varios atque multiplices *Ramos* distributo atque diviso, donatur. *Folia* bina subrotunda, Androsæmi majoris foliis quam proxime accedentia, è regione petiolis suis *Caulibus* adhærentia, adornant totius plantæ compagem. Ab extremis cimis *Caulium* exeunt ramatim *Flosculi* è diluto rubore leviter purpurascentes, Lilii convallium aut Unedonis caliculati ; quibus subeunt *Siliquæ* Asclepiadis angustiores, candida intus lanugine, & semine compresso, plano, subrufi coloris refertæ : *Radices* longe lateque sub terram serpentes admodum *vivaces* sunt, & subinde progerminant in calcatis areolarum semitis. Lacteo succo scatet, qui emanat quacunque parte vulneretur, ceterorum sui generis omnium adinstar. Muscarum pernicies est, si *Floribus* insideant. *Lutetiæ* in *Horto Regio* videri poterit copiose.

Explicatio Tabulæ XVI.

I. *Frumentum Indicum spica polystachiophora, seu multipliciter divisa*

*divisa, cum particula culmi thecam emittente, & folio sursum tenden-
te, ostendit.* II. *Limonii lignosi ramum foliis, & gallis seu tuberculis,
ab insecto sese ibidem includente factis, præditum.* II. a. *Ejusdem
Limonii caulem foliis tantum præditum, sine gallis aut tuberculis.*
III. *Apocyni Canadensis foliis Androsæmi majoris caulem, foliis,
floribus, & siliquis binatim conjunctis oneratum.*

Explicatio Tabulæ. XVII.

In Tab. XVII. *A. indicat caulem cum galla seu tuberculo foliis
& floribus onustum.* B. *Ejusdem caulem sine Floribus.* c. c. c.
Flosculos.

Hippomarathrum Siculum.

R. *Adix* huic longa, crassa, summa parte (ut pleræque fe-
rulacei generis plantæ) villosa : *Caulis* cubitalis, aut
bicubitalis, interius *fungosus*, exterius *striatus*, seu *sulcatus*,
multis alis hinc inde à *Caule* præcipuo emergentibus : *Folia*
Peucedani, quandoque Seseli, aut Fœniculi modo divisa, du-
riora, & firmiora tamen. Sic enim in *Sicilia. Planta* hæc
sponte nata foliis ludit, comantibus semper in *Umbellis*, ma-
gnis, pluribus flosculis luteis ; quibus discussis atque evanidis,
exterius succedit *Pericarpium* fungosum, sulcatum, asperum,
pisi maximi magnitudine, quod adhuc viride tam arcte con-
jungitur, ut unum videretur; cum exsiccatur tamen binatim
finditur. In singulis Pericarpiis hujusmodi fungosis, latent
singula *Semina* oblonga, Tritici grano paria. *Honorius Bellus,
Caspa-us Baubinus,* & *Prosper Alpinus* hujus Hippomarathri
meminere. D. *Morisoni*))) m arathrum hoc describit sub

Cachryos

Rariores, nondum exhibitæ. 37

Cachryos nomine, Peucedani folio, femine fungofo, fulcato, afpero. Propter fungofum *Pericarpium* Semen obtegens, fa-

Hippomarathrum ficulum.

cile Cachryos omnes fpecies detectæ à prædicto Domino, vel detegendæ aut ab ipfo aliifve cognofcuntur. Paffim *Panormi Agrigenti,* & *Meffanæ* locis *li Pirreri Santa Agata Brazzo di San Raneri* dictis, alibique per *Siciliam* confpicitur fatis frequens. Expli-

38　*Plantæ ex Siciliâ, &c.*
Explicatio Tabulæ XVIII.

In Tab. XVIII. A.*indicat radicis partem Hippomarathri Siculi cum caulibus & ramis semine onustis.* c. *Umbellulam.* a. a. *Bina semina conjuncta & adhuc viridia.* b. b. *Semina bina exemta.*

Linaria Sicula multicaulis, Molluginis folio.

C*Aules* huic noſtræ Linariæ ſunt cubitales, rotundi, ramoſi,

ſubrubentes: *Folia* anguſta, unciam longa, inferiora circum

Rariores, nondum exhibitæ. 39

cum *Genicula* ſtellatim radiata Molluginis inſtar, ſuperiora autem inordinate diſpoſita, illaque Kali modo carnoſa, ſulco canulato per longitudinem decurrente. *Lutetiæ* verſus finem autumni hujus Linariæ *Folia* frigoris inclementia criſpabantur: *Flores* lutei,& vulgaris Linariæ minores. *Floribus* fatiſcentibus ſuccedunt *Capitula* rotunda, in quibus *Semen* latet. *Radix* perennis, tenuis, & fibroſa ſubeſt huic Linariæ, quæ tota æſtate floret *Panormi*, & copioſe etiam alibi, in Sicilia. An Linaria *Cretica* anguſtifolia *Cluſii*.

Tithymalus Siculus polycoccos Portulacæ folio.

NOſter Tithymalus aſſurgit *Caule* pedali aut altiore, ſuperne amplo & valde ramoſo, *Foliis* ad Portulacæ, vel Tithymali helioſcopii figuram circumveſtito. *Flores* & *Semen*,ut in ceteris ſuæ claſſis, in alarum ſinubus atque ipſis ramis inſident, & ordine diſtribuuntur; rotundis ſubſequentibus capitulis, binis tenuibus apicibus donatis, in quibus *Semen* Cannabis figura, atque colore concluditur. Ea eſt plantæ ejuſque alarum durities & contumacia, ut media hyeme arida, & *Foliis* ſpoliata perduret adhuc, & *Capſulas* ſeminum (quod notatu dignum) unguibus frangere, aut evellere (adeo pertinaciter hærent) ſine rami particula non poſſis. Ex *Semine* deciduo quotannis renaſcitur. Hujus meminit Doctor *Hyacinthus Ambroſinus Bononienſis* in ſua Phytologia in folio 532. ſub nomine Tithymali Bacciferi; an idem cum noſtro judicare poteſt *Jacobus Zanoni* Pharmacopæus, & Botanicus ejuſdem urbis laudatiſſimus, ad quem è Sicilia ſemina noſtri tranſmi-

Plantæ ex Sicilia, &c.

tranfmifimus. Tota planta fucco lacteo (ceterarum fuæ fortis more) turget.

Explicatio Tabulæ XIX.

In Tab. XIX. A. *Denotat folia Linariæ Molluginis folio per terram ſtrata.* B. *Ejuſdem flores in cimis.* C. *Ejuſdem capſulas feminales itidem in cimis.* D. *Tithymali polycocci folia ſub exortum Portulacæ inſtar.* E. *Radicem.* F. G. *Ramos ſeminibus onuſtos.* h.i. *Semina ejuſdem.*

Pulegium tomentoſum minimum.

A Vulgari Pulegio nihil difcrepat nifi parvitate, & foliis longioribus, atque lanuginofis. Plantula hæc ad dimidium palmum non accedit. *Flores* non bene expreſſit fculptor. In pratis non procul à *Corleone* in *Sicilia* inveni.

Gnaphalium Alpinum nanum, ſeu pumilum.

HOC, Gnaphalio montano fimillimum, fola partium fingularum exilitate differt, figuram enim propofitam parum excedit. In monte dicto *Cinione di Farnano* prope *Mutinam* viget plurimum.

Polygonum capitulis ad Genicula echinatis.

HUIC Polygono tenuis eſt *Radix*, prolixa, & dura: *Cauliculos* habet tres aut quatuor humi jacentes, palmares, circa quos *Folia* Herniariæ, aut Polygoni montani, in crebris

Ceni-

Rariores, nondum exhibitæ. 41

Geniculis plura simul juncta, atrovirentia, inter quæ nescio quid *Flosculorum* muscosorum apparet, subsequentibus verti-

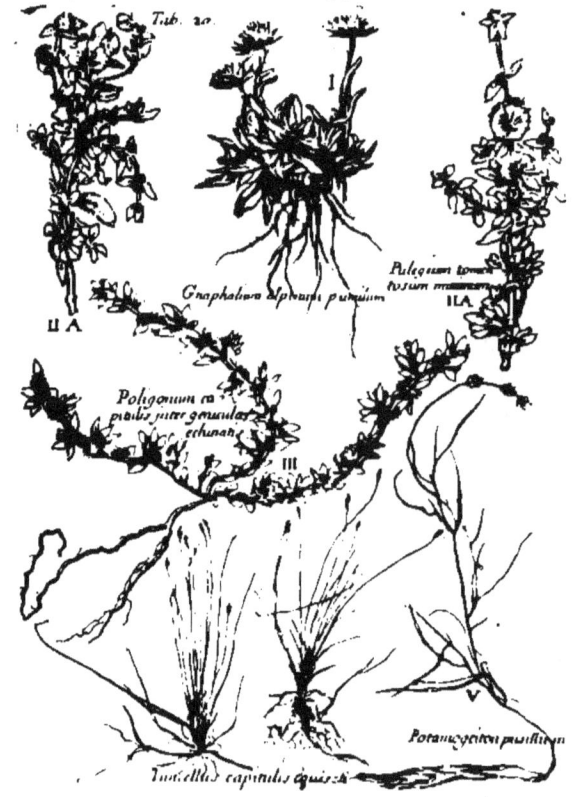

cillis brevibus aliquot apicibus, veluti echinatis, in quibus minutum *Semen* includitur. In *Ilua* insula juxta *Portolongoni* munimenta, & nova mœnia visitur.

F   *Juncel-*

Juncellus minimus capitulis Equiseti.

Juncello nostro multæ sunt *Radiculæ* repentes, non sine fibris capillaceis, è quibus enascuntur stili, seu junci plures, tenuissimi, unciales, biunciales, quorum singuli capitulum minimum sustinent Equiseti æmulum. Ad ripam *Ligeris* vidimus.

Potamogeiton pusillum fluitans.

PRO *Radicibus* huic sunt fibræ longissimæ: *Cauliculus* dodrantalis, tenuis, ramosus: *Folia* longa, inordinate disposita, pene capillacea, quandoque Fœniculi sive Peucedani similia. *Flosculi* in biunciali pediculo sunt muscosi, spicati, subsequentibus Granis minutis, & asperis, compluribus simul conjunctis. *Catanæ* è fontibus eduximus. Species hujus longe amplior prope *Lutetiam*, in *Sequana* fluvio visitur. *Casparus Bauhinus* utriusque meminit.

Explicatio Tabulæ XX.

In Tab. XX. I. *Gnaphalii Alpini pumili radicem, folia, & caules floribus oneratos ostendit.* II. A. II. A. *Pulegium tomentosum minimum.* III. *Polygonum capitulis inter Genicula echinatis.* IV. *Juncellum capitulis Equiseti, duplici figura.* V. *Potamogeiti pusilli figuram; ubi vitiose exhibentur flores à calcographo: debent esse Galeati vulgaris more.*

Rhamnus

Rariores, nondum exhibitæ. 43

Rhamnus Siculus pentaphyllos.

ELegans hic *Frutex* veteribus, atque neotericis Botanicis incognitus, Rhamni speciebus adscribi debet, tota figurâ, ac partibus singulis speciem Rhamni testantibus. Com-

Tab. 21

pluribus virgultis Pruni silvestris modo frutescit, & humanæ proceritatis modum seu mensuram nonnunquam superat. Huic rami multiplices, & varii, duris & crassioribus spinis armati:

F 2

armati: *Folia* in singulis pediculis quina, quorum singula Jasmini lutei foliis sunt angustiora, indivisa, versus extremum latiora, atque rotundiora, hilari virore nitentia: *Flores* candidi, plures ab uno pediculo tenui, longo, racemoso penduli, quibus satiscentibus succedunt *Baccæ*, Myrtillorum baccis similes, ast majores, per maturitatem rubræ, *Putamine* osseo & duro præditæ, in quo *Nucleus* tenui membrana vestitus. Prope *Panormum* in agro dicto *Fundaco dell' Abbate* ad sepes: in *Africa* etiam nasci nonnulli dicunt. A colonis & villicis circa *Panormum* dicitur *Zaccati*.

Explicatio Tab. XXI.

Tab. XXI. *Rhamni pentaphylli designat caudicem spinis longissimis, atque foliis quinis in unum centrum concurrentibus, & à longis pediculis pendentibus.* a. & b. *Ramusculos in summitate foliis & fructibus oneratos indicant.*

Linaria Sicula, latifolia, triphylla.

C *Aules* habet rotundos, glabros, pedales, subinde majores, quandoque plures ex unâ *Radice* exeuntes: *Folia* terna, subrotunda, unciam lata, nonnihil longiora, ordinatim adversis inter se petiolis disposita, bina tantum in summo *Caule*, cujus extremo spica *Florum* eminet, Linariæ vulgaris ritu; *Flores* singuli anterius rictu, & posterius calcari cæruleo pallescente donantur. Sequuntur *Capsulæ* (congenerum more) in quibus continetur exiguum *semen*: *Radix* subest fibrosa. Floret æstate in montibus *Hyblæis*, circa *Syracusas*, & alibi illic passim reperitur. Bauhiniana
Linaria

Rariores, nondum exhibitæ. 45

Linaria triphylla latifolia (excepta nota Brachiata in *Caulis* fummitate) cum noftra omnino convenit.

Explicatio Tab. XXII.

In Tab. XXII. A. *Indicat Linariæ plures cauliculos ex radice emanantes foliis tantum onuftos.* B. *Unum cauliculum cum floribus.* d. *Semen.* C. *Ejufdem caulem foliis latioribus præditum.*

Thlafpi bifcutatum Raphani aut Irionis folio.

CUM omnibus bifcutatis Thlafpios fpeciebus convenit hæc noftra *Caule, Flore, Fruɓu*; *Foliis* folummodo difcrepat, quæ Raphani aut potius Irionis forma, & magnitudine funt: *Radice* eft admodum exili & imbecilla, ex qua

fæpe-

46 *Plantæ ex Siciliâ, &c.*

fæpenumero plures *Cauliculi* exeunt. *Annuum* eſt hoc no-

ſtrum. Circa *Panormum, Agrigentum,* & *Maſſiliam* copioſe gignitur, locis in incultis & aſperis.

Explicatio Tabulæ XXIII.
In Tab. XXIII. I. *Thlaſpios biſcutati Irionis folio Semina biſcutata*

Rariores, nondum exhibitæ. 47

bifcutata in fummitate caulis indicat. II. *Ejufdem Tblafpios interiora folia per terram ftrata, & caulem floribus oneratum.* III. *Folium fuperius finuatum.*

Parietaria Sicula Alſines folio.

A Parietaria minore *Tragi* & à vulgari *Matthioli* differt

hæc *Foliis* tantum, quæ minima funt figura atque magnitudine

gnitudine Alsines paria. Singularum A. a. B. B * Icones in tabella nostra discriminis gratia proposuimus. Nostra passim per universam *Siciliam* viret: in montibus *Hyblæis* oppido *Mililli* vicinis, *Catanæ*, *Messanæ*, & Agrigenti sæpius vidimus, & legimus.

Explicatio Tabulæ XXIV.

In Tab. XXIV. A. *Indicat Parietarim Helxines folio.* a. *Ocymi folio.* B. *Alsines folio, una cum caule seminibus onerato.* B * *Ejusdem folia per terram strata cauliculis innixa, sine Seminibus.*

Alsine palustris Serpilli folio.

PArvis est *Foliis* carnosis, Gratiolæ Hyssopifoliæ angustioribus, ad cauliculorum humi jacentium nodos binis ex adverso positis; *Floribus* in foliorum sinu rubentibus, exiguis capsulis, & semine Alsines vulgaris. Integra planta dimidiæ palmæ magnitudinem vix æquat. Locis palustribus circa *Syracusas* nascitur.

Horminum spicatum Lavendulæ flore, & odore.

HOrmini hujus in *Sicilia* nati *Caulis*, *Folia*, *Semina* Hormino Sclarea dicto non sunt dissimilia; *Flosculi* purpureo-cærulei Lavendulæ florum forma, & magnitudine, *Caulem* quadratum verticillatim per intervalla ambiunt, in longissimæ spicæ modum digesti; quos subsequuntur *Vascula* quinquefariam denticulata in margine superiore, quæ sursum versus erecta, caulique appressa, & subrubentia, quasi biflorę plantæ, peramœna

Rariores, nondum exhibitæ. 49

peramœna specie, prolixam, & non marcescentis coloris cærulei *Spicam* iterum efficiunt. Tota planta arida sua-

vem Lavendulæ *odorem* spirat. Ad bicubitalem altitudinem ascendit. Prope *Agrigentum*, & *Cainatatam* exit plurimum. An descripta sit affirmare non audeo.

Brassica silvestris Fabariæ foliis.

C *Aulis* huic est pede longior, tenuis, ramosus, teres, quem amplectuntur (Perfoliatæ modo) lævia rotundaque Telephii folia, ambitu nonnihil sinuata : *Flosculi* in summitate purpuro-cærulei ; quibus succedunt *Siliquæ* angustæ,

ſtæ, & longæ. Non differt à Braſſica ſecunda ſilveſtri, Cluſ. niſi *Radice*, quæ in noſtra perennis eſt. Ad *Tauromenum* inveni. Accepi itidem à *Johanne Ruſtici* ex *Colletano*.

Explicatio Tabulæ XXV.

In Tab. XXV. I. I. *Alſinen paluſtrem Serpilli folio* * *bis offert.*
II. *Hormini ſpicati Lavendulæ odore ramos tres, cum capſulis verticillatis per intervalla ipſis annexis.* a. *Verticillum integrum majorem.* III. *Braſſicæ ſil. Fabariæ foliis caules, foliis & ſiliquis onuſtos.*
IV. *Eoſdem caules cum foliis & floribus.*

Ariſarum Potamogeiti folio.

Radice, *Caule* maculato, cum aliis Ariſari ſpeciebus congruit, at *Folia* unciam lata, duas longa, ſubtus paululum nervoſa, & per terram ſparſa, quadantenus Potamogeiti rotundifolii ſunt ſimilia: *Flos* brevior, & radii textoris inſtar apertus, exili piſtillo piloſo prægnans, extremo mucronato, & hami modo adunco. Natales illi *Saccæ*, & *Panormi* in ſilvula *Sanctæ Mariæ à Jeſu fratrum* ſtrictioris obſervantiæ *Sancti Franciſci.*

Stramonium ferox.

AD Stramonii majoris, (quod Datura quibuſdam dicitur) altitudinem prope accedit. *Ramis* conſtat late expanſis, quaſique brachiatis; *Caule* craſſo, cavo, medulloſo, & ramoſo; *Foliis* anguloſis, ſinuatis, ad Atriplicis, pes anſerinus dicti, *Folia* accedentibus, majoribus paulo atque craſſioribus,

Rariores, nondum exhibitæ.

ribus, è virore pallefcentibus: *Flores* ad ramorum pene omnium divifionem candidi obfoleti, cæruleive, qui in *Folliculo*

Stramonium ferox.

quinquangulari è longo tubo in calathum laxantur continuum, quinis angulis, quinifque fiffuris diftinctum : in hifce *Floribus* funt *Stamina* quinque cum piftillo. Florem excipit *Fructus Nuci juglandi* magnitudine & formâ fimilis, craffioribus quam in Datura putata, fpinis horridus & fenticofus, unde ferox mihi dicitur, quatuor membranis intus divifus, è

Plantæ ex Siciliâ, &c.

quibus nescio quid fungosum reflectitur, cui *Semen* adhæret copiosum renis formâ, rugosum, seu asperum, medulla alba refertum. *Radix* subest è numerosis fibris composita. Floret *æstate*, & semen perficit versus finem *Autumni*. Annua est. *Lutetiæ* vidi.

Explicatio Tabulæ. XXVI.

In Tab. XXVI. I. b. *Radicem folium & florem ex longissimis pediculis emittentem indicat Dracunculi Potamogeiti foliis.* I. a. *Ejusdem radicem plurima folia & florem emittentem.* e * *Caput spinosum Stramonii ferocis, cum foliolis idem claudentibus.* c * *Folium inferius ejusdem sinuatum.*

Chrysanthemum Canadense humilius.

Foliis est planta hæc peregrina obscure virentibus, nervosis, minime sinuatis, Chrysanthemi, *Flos Fernesianus* dicti, foliis minoribus, rugosis, & asperis ; *Capitulis, Flore,* & *Semine* Chrysanthemi ; *Flores* enim luteo colore nitent : *Radix* perennis est. A *Domino Morisono* describitur una cum sequente, in præludiorum suorum Botanicorum. *Pag.* 251.

Chrysanthemum Canadense Latifolium elatius.

CUM priore convenit in omnibus, nisi quod *Folia* latiora & longiora, dilutius virentia, atque sinuata, seu dentata producat. In hortis *Bononiensibus* & *Florentinis*, nec non
Parisiis

Rariores, nondum exhibitæ. 53

Parisiis in horto *Domini Francisci Blondel*, rei Herbariæ & medicæ peritissimi, uterque colitur.

Crithmum Siculum, Baticulæ alterum genus Cæsalp.

Caulis huic plantæ nostræ rectus est & ramosus; *Folia* Laciniata, dura, & quam Fœniculi marini, vulgariter sic

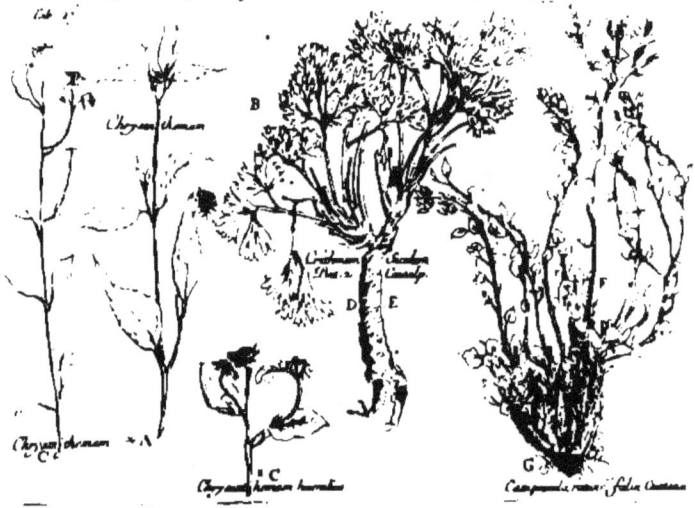

dicti latiora: *Vmbellæ* pares; *Semina* bina, quæ simul conjuncta Coriandri instar divisa, etiam striata sunt, Fœniculi seminis modo: *Radix* longa, crassa, ad ligni naturam propius accedens, & singulis annis regerminans perennat. Illius *Iconem* dedimus, sed oscitantia pictoris adolescentem plantam solummodo pinxit, cum etiam adultæ copiam facere decrevissem.

ſem. Aſperis, & ſaxoſis gaudet locis prope *Panormum* in monte *Peregrino*, ut & alibi videre eſt.

Campanula rotundifolia Caetana longius radicata.

R *Adix* hujus alte in terram depacta eſt: *Caules* multi ſunt

pedales, duri, rigidi; *Folia* Cymbalariæ rotunda, leviter ſinuata,

Rariores, nondum exhibitæ.

sinuata, ab imo usque ad fastigium ferme æqualia : *Flos* aliarum Campanularum formâ, cæruleus, item & *Semen* pellucidum, ruftum. E rimis saxorum erumpentem prope *Catanam* inveni. Differt ab ea, quæ Cymbalariæ foliis dicitur *Casp. Baulino, Radice,* sed præcipue *Foliis* superioribus minime angustis.

Explicatio Tabulæ XXVII.

In Tab. XXVII. C * & * C. indicant *Chrysanthemum humilius.* * A. *Chrysanthemum elatius.* D. E. *Crithmi Siculi seu Baticuli* 2. C *æsalp.* Radicis partem, folia tantum protrudentem. G. *Campanulæ rotundifoliæ Caetanæ* radicem. F *Ramusculos foliola* rotunda gerentes in summis caulium.

Explicatio Tabulæ XXVIII.

In Tab. XXVIII. D. *Crithmi antedicti radicem indicat.* E. Folia latiora pediculis longioribus innitentia. F. Folia angustiora.

Thlaspi Latifolium platycarpon Leucoii foliis.

HÆC Thlaspios species *Surculis* frutescit fragilibus, cubitalibus, subinde majoribus, rotundis, circa quos *Folia* plura, nullo ordine servato, dense congesta sunt, crassa, glabra, indivisa, Leucoii æmula, per extremum retusa *:* summitatem occupant *Flores* Leucoii, albidi, quorum singuli quatuor *Foliolis* albidis constant, quafique in *Umbellam* congesti ; quos excipiunt *Vascula* bisulcata, seu bifcurata, omnis hujus generis Thlaspios more, in quibus utrinque compressum continetur *Semen :* Radix subest crassa, vivax. Idem est (ut puto)

56 *Plantæ ex Sicilia, &c.*

to) quod defcribitur à *Cafp. Baubino* in *Prod.* Per totum annum floret in *Sicilia*, ut videre eft in loco *Mariduci* dicto, prope *Panormum*.

Polygonum mufcofum minimum.

C *Auliculis* eft pluribus uncialibus denfe geniculatis ; *Foliis* crebris, capillaribus, breviffimis, radiatim ad caulicu-

lorum nodos difpofitis ; *Floribus* herbaceis ; minutiffimo femine eifdem fuccedente. Tota planta abfoluta eft, humi jacens, Camphoratæ congenerem plantam æmulans. Cum primum exit, *Julum* quendam minimum primo afpectu refert.

Prope

Rariores, nondum exhibitæ.

Prope *Catanam* in *Sicilia*, & in ambulacris horti *Pifani* crebro reperitur, & deciduo *Semine* fefe propagat.

Explicatio Tabulæ XXIX.

In Tab. XXIX. F. *Caulem Tblafpios fruticofi Leucoii folio, & vafcula platycarpa quafi congefta in capitulum oftendit.* G. *Ramufculum fol. & floribus oneratum.* B. D. *Ramulos plurimos ex eadem craffa radice partim floribus partim capfulis oneratos.* f. f. *Capfulam platycarpam.* g. *Dimidiatam capfulæ partem.* h. i. *Semina ejufdem compreffa.* P. *Polygonum mufcofum minimum.* Q. R. *Ejufdem ramos feminibus onuftos.*

Pimpinella Agrimonoïdes.

HÆC *Folia* producit oblonga, è pluribus lobis, ad unam coftam feu pediculum juxta fe pofitis, quorum finguli Agrimoniæ quadantenus fimiles, fed rotundiores funt, & leviter hirfuti, atque in ambitu crenati. Inter *Folia* humi ftrata, odorata, affurgunt *Caules* recti; cubito altiores interdum, paucis foliolis veftiti; atque in plures ramos diftributi; in quorum cacuminibus *Capitula* eminent cum *Flofculis* & *Semine* afpero, feu rugofo, fpicatim difpofito, more aliarum Pimpinellarum fpicatarum. Tota planta cum fuavitate odorata eft, unde Agrimonoïdes dicta, quod Eupatorium Græcorum odoratum odore æmuletur. *Pifano* & *Parifienfi* in horto cultam obfervavimus. Ejus optima effigies cum defcriptione à *Dom. Morifono* exhibetur in umbellarum fuo fpecimine.

Saponaria frutescens acutis foliis, ex Sicilia.

Hujus plantæ *Caules* sunt rotundi, cubitales, geniculati, ramosi: *Folia* angusta, foliis Oleæ paulo latiora, & a-

cutiora, ad Myrti majoris folia accedentia, in singulis geniculis

Rariores, nondum exhibitæ.

lis bina: caulium extremis infident *Flores*, longis calycibus glabris inferti, quinquefolii, exigui, rofeo-rubenti colore præditi. *Radices* craſſæ, perennes, hyemis patientiſſimæ, quibus, fingulis annis recurrentibus, planta regerminat. Hanc *Cæſalpinus* fine *Iccne* defcripfit, cui, à Lychnide filveſtri fempervirenti Clufii non difcrepare videtur, quamvis in pinace *Bauhini* diſtinguatur fpecie. Hujus *Icon* exactiſſime delineata eſt à *Camerario* in hortis, fub Ocymoides fruticofum. Circa *Panormum* & *Agrigentum* inter faxa ubique erumpit.

Explicatio Tabulæ XXX.

In Tab. XXX. I A. *Pimpinellam Agrimoncidem caulefcentem, & femina ferentem indicant.* C B. *Ejufdem folia fub exortum per terram ſtrata.* II. II. *Saponariæ radicis partem, & caulem foliis & floribus onuſtum.*

Kali Siculum lignofum floribus membranaceis.

R *Adices* hujus robuſtæ funt, atque altius in terram defcendunt, fubinde humano crure, vel etiam coxa craffiores : ab his virgæ plures, lignofæ exoriuntur, in tenues ramulos diſtributæ, circa quos folia Kali minoris non temere fparfa, fed bina femper ex adverfo fcite pofita refpondent : *Flores* æſtate albi, quadrifolii, patuli, membranacei, inſtar alarum Papilionis, qui longo ordine, fpeftabili elegantia, denfe congeſti ramulos omnino geniculatim onerant: *Semen* cochleatum exigua rubente tunica coopertum. Juxta *Saccam, Catanam* & *Agrigentum* reperi, ubi vocatur ab indigenis *Liuta*; atque

60　*Plantæ ex Siciliâ, &c.*

atque ejus cinere in linteis mundandis & dealbandis maxime utuntur.

Aster tomentosus luteus, Verbasci folio.

ASter hic *Folia* promit à radice multa, oblonga, indivisa, tomentosa, Stachydis, aut Verbasci cujusdam silvestris

æmula, candidiora : inter hæc *Caulis* dodrantalis, rectus emergit, minoribus foliis cinctus, & ipse molli albenteque lanugine incanescens ; cujus in cacumine flores, Asteris forma, radiato foliorum ambitu lutei, qui in *Pappos* solvuntur : *Radix* subest vivax, totaque planta, si sub tectum hyeme revocetur, pluribus annis perennat. Dominus *Alexander Balam* Anglus, rei herbariæ valde studiosus, mihique amicissimus, in *Italia* communicavit.　　　　　　　　　　　　　　*Blattaria*

Rariores, nondum exhibitæ. 61

Blattaria incana multifida.

CApfulæ, *Semen* & *Flores* Blattariam esse arguunt: Folia vero magna, multiplicibus, & profundis divisioni-

Kali floridum semine cochleato

bus incisa, colore è virore candicantia, Absynthii pontici vulgaris aliquatenus æmula. *Ramum* unicum hujus plantæ absque radice habuimus à *Johanne Maria Ferro Veneto* aromatario, qui *Ragusa* allatum esse affirmabat.

Conyza

Conyza Sicula annua, lutea, foliis atroviridibus, caule rubente.

CAulis hujus plantæ est subrubens, rotundus, pedalis, quandoque bipedalis altitudinis, in varios, ac multiplices ramos diffusus, ad instar Linariæ Belvedere, dispositos, circa quos, *Folia* inferna longa, atroviridia, angusta,Oleæ similia cum primum exeunt, deinde angustiora, & obtusa deveniunt Kali forma; *Flos* aureus, & minoris Conyzæ flore minus compactus, qui senescente planta abit in *Pappos.* Excepto colore, & exilitate partium, multum affinitatis habet cum Conyza minore vulgari. Annua est. Palustribus locis ad *Catanam* urbem plurima nascitur, etiam prope *Agrigentum.*

Explicatio Tabulæ XXXI. & XXXII.

In Tab. XXXI. I. *Kali sine floribus.* I. * *Kali floribus membranaceis indicant.* II. *Asterem tomentosum luteum Verbasci fol.* III. *Blattariam incanam multifidam.* IV. *Conyzam Siculam annuam.*

In Tab. XXXII. B. *Kali floridi ramusculos indicat.* b. *Semen cochleatum.* A. *Rami ejusdem summitatem.* C. *Ramum floribus onustum.* c. *Flosculum pentapetalum.* D. *Ramos semine prægnantes.*

Moly flore subviridi.

BUlbum oblongum habet; *Folia* Asphodeli albi similia; *Caulem* rotundum, lævem, non raro tricubitali proceritate eminentem,cujus summum occupant, in umbella quasi, *Flores* è luteo virescentes longissimis pediculis innixi. Gaudet opacis locis & silvis umbrosis. In montis *Madoniæ* convallibus copiosum occurrit.

Gramen filiceum paniculis integris.

R *Adice* est fibrata: *Culmo* tenui & geniculato, *Foliis* paucis

Rariores, nondum exhibitæ. 63

cis veſtito, cujus faſtigium obtinent pulcræ *Paniculæ*, vulgari Gramini filiceo pares, ni ſimul eſſent conjunctæ, & palmam manus extenſis junctiſque digitis imitarentur. In littore *Sancti Eraſimi* loco *li Stazzuni* dicto, nobis apparuit.

Explicatio Tabulæ XXXIII.

In Tab. XXXIII. I. *Caulem longiſſimum complicatum Moly flore ſubviridi in ſummitate floribus onuſtum indicat.* II. *Gramen filiceum polyſtachyophoron, ſeu panicula multiplici cum radice fibroſa.*

Limonium

Plantæ ex Sicilia, &c.
Limonium Siculum folio cordato.

R Adice conſtat pollicaris craſſitiei non ſine *Fibris*: *Foliis* humi jacentibus, longis, ab anguſtiis in latitudinem pau-

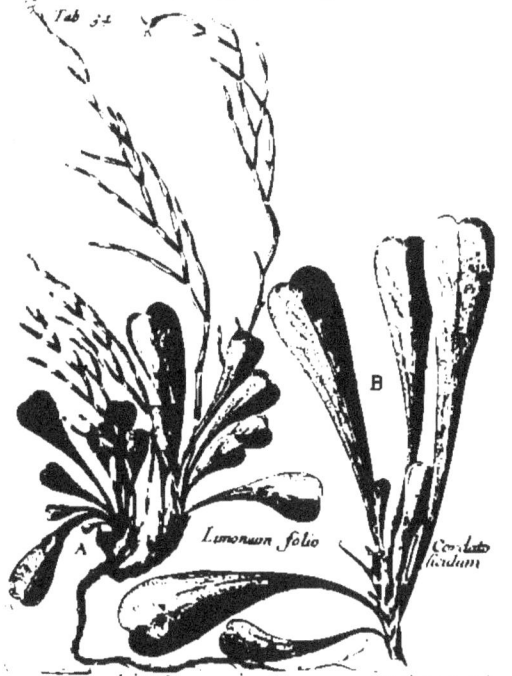

latim ſeſe laxantibus, quæ per extremum cordis figuram efficiunt, modo quo pingitur: *Caulis* brevior eſt; *Flores* cærulei,& ſemen quale in ceteris. Idem eſſet cum eo,quod à *Baubino* deſcribitur in *Prodromo*, niſi obſtaret Foliorum longitudo, quæ in noſtro notatu digna eſt. Prope *Panormum*, & *Auguſtam* inveni copioſum.   Expli-

Rariores, nondum exhibitæ. 65

Explicatio Tab. XXXIV.

In Tab. XXXIV. A. *Limonii radicem foliis pluribus cordatis & caulibus flores ferentibus indicat.* B. *Ejufdem Limonii folia ampliora cordata.*

Jacea Melitenfis capitulis conglobatis.

C *Aules* Jaceæ noſtræ pedales, & longiores funt, alati, ramo-

fi, geniculati: *Folia* angufta, Jaceæ vulgaris foliis molliora,

I

ra, leviter finuata, & incana; Flores ad genicula, ab imo ad summum caulium plures, fublutei, è *Capitulis* nonnihil spinosis, atque cum rotundi globuli forma simul commissis, exeuntes. *Melitæ* inveni, in via quæ *Cafalnovum* ducit: *Lutetiæ* etiam nata est, sed capitulis minus compactis.

Explicatio Tabulæ XXXV.

In Tab. XXXV. A. *Jaceæ Melitenfis folia tenella & prima ex radice orta indicat.* B. *Folia provectiora finuata.* C *Caulem foliis & capitulis conglobatis.* M. *Plurima capitula in globum congesta, cum foliis ejufdem bafin constituentibus.* d. *Semina ejufdem.*

Jacobæa Sicula Chryfanthemi facie.

JAcobææ nostræ *Caules* sunt cubito altiores, non ita crassi, inanes, seu intus fungosi, in plures ramos divisi: *Folia* longa, angusta, adnatis exiguis aliis, Chryfanthemi Cretici veluti divifura & forma, paululum fœtentia: *Flores* in ramulorum fastigiis multiplices, floribus Jacobææ multo minores, medio umbone, seu orbiculato ambitu, luteo auri colore fulgentes. Perpetua est Planta, hyememque facile sustinens, ad *Catanam* & *Tauromenum* frequens.

Expli-

Rariores, nondum exhibitæ.

Explicatio Tabulæ XXXVI.

In Tab. XXXVI. A. *Denotat Jacobææ caulis partem inferiorem è radice lignosa fibris scatente ortam, & foliis laciniatis*

onustam. B. *Ejusdem caulis partem superiorem floribus & pappo tectam.* C. *Flosculos stellatim latis petalis cinctos.* d. *&* e. *Semina papposa.*

Malva

Plantæ ex Siciliâ, &c.

Malva Sicula foliis moschatis crispis.

Caules hujus plantæ non semper humi procumbunt: *Folia* undulata sunt, & crassa, Malvæ vulgaris magnitudine,

Tab. 37.

suavi quodam odore Moschi fragrantia ad basin; quin & eorundem pediculi, singulis appendicibus, sive unguibus cinguntur: *Flos* pallidus, & ad Citri colorem accedens. *Semen*
Bamiæ

Rariores, nondum exhibitæ. 69

Bamiæ par. Tota planta lævi denfaque lanugine canefcit. Ad *Agrigentum* & *Saccam* viget plurima, locis argillofis.

Explicatio Tabulæ XXXVII.

In Tab.XXXVII. A. *Indicat caulem Malvæ foliis crifpis & floribus inexpanfis oneratum.* B. B. B. *Ungues feu Appendices quibus cinguntur foliorum pediculi fub exortum à caule.* c. c. *Florem pentapetalum ſtilum medium cingentem.* k. i. *Semina cum deliquio, quo cingunt ſtilum in meditullio floris.*

Coronopus maritimus rofeus.

COronopus hic *Spicas* fert foliaceas, depreffas ; *Florem* herbaceum (ut in Plantagine rofea majore, & media) ex denfa frequentique foliorum dilute viridium ſtructura compofitum : *Folia* fubtus glabra in lacinias aliquot per latera incifa exhibet, hortenfis Coronopi foliis per terram ſtratis paria *:* *Radix* illi eſt craffa, alte in terram depacta. Semel hunc obfervavi prope *Panormum* in loco dicto *Acqua delli Corfali,* judicavique naturæ lufum: fed à Domino *Angelo Mattheo Buonfanti de Canarinis,* in rebus phyficis viro claro, & amico meo monitus fum paffim per totam *Siciliam* aliifque etiam in locis enafci, atque fpeciem particularem conſtituere.

Alga fpiralis maritima.

TEnuis eſt hæc, & anguſta membrana in modum fpiræ convoluta, duas aut tres uncias longa, cujus extrema

minu-

70 *Plantæ ex Siciliâ, &c.*

minutissime incisa sunt, sive fimbriata : simplex est, in plures quandoque ramos divisa, totaque subnigro fusco-

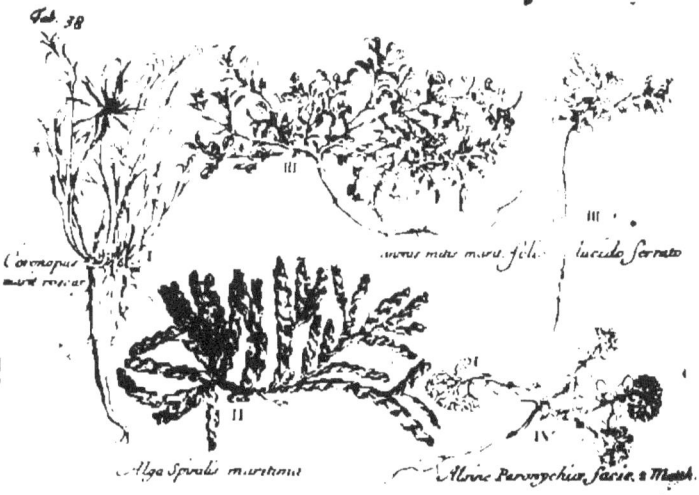

ve colore nitet. Saxis, & tectis innascitur, lignisque, uti Corallinæ. *Liburni, Saccæ,* & alibi, maritimis fluctibus ejectam, in littore marino sæpius collegi.

Anonis maritima, mitis, folio lucido serrato.

A Nonis hæc parvula *Cauliculis* infirmis ab humo vix unquam attollitur : *Foliis* parvis, serratis, multumque sulcatis, & lucidis vestita est : *Flos* ei luteus; figura qualis est aliis suæ classis omnibus, item *Siliqua,* & *Semen* : mitis est, nec aculeis

Rariores, nondum exhibitæ.

aculeis prædita. Perit singulis annis, *Semine* deciduo subinde se propagans: *Radicem* habet exilem, non sine *Fibris* demissis in terram, *Globulos* albos (ut in Ornithopodio cernitur) ferentem. In omnibus *Saccæ*, *Agrigenti*, *Catanæ* littoribus marinis, & alibi passim in Sicilia exit. In *Maremma* Hetruriæ etiam nota.

Alsine facie Paronychiæ secundæ Matthioli.

TRibus aut quatuor *Ramulis* humi jacentibus, Alsines foliis numerosis, copiosis etiam *Flosculis* in summitate cohærentibus donatur hæc Alsines species, ad formam accedens Paronychiæ secundæ Matthioli. Annua est Planta. Exit passim in maritimo litore *Modicæ* cavitatis, ad *Pachynum* promontorium.

Explicatio Tabulæ XXXVIII.

In Tab. XXXVIII. I. *Radicem Coronopi prægnantem foliis & caule florem roseum ferente ostendit.* II. *Algam spiralem maritimam.* III. *Radicem Anonis mitis maritimæ ejusdem caulibus foliis & floribus onustam.* III. * *Foliola sub exortum è terra cum radice granulosa, seu globulos emittente.* IV. *Alsinen Paronychiæ facie secundæ Matthioli.*

Chamærubus Siculus rotundifolius.

ACceptum habeo à Dom. Doctore *Johanne Rustici*, qui se illum multis & cubitalibus *Ramis*, agresti in solo fruticantem

72   *Plantæ ex Sicilia, &c.*

cantem invenifle dixit.   In agris *Collefanenfibus* etiam lætaba-

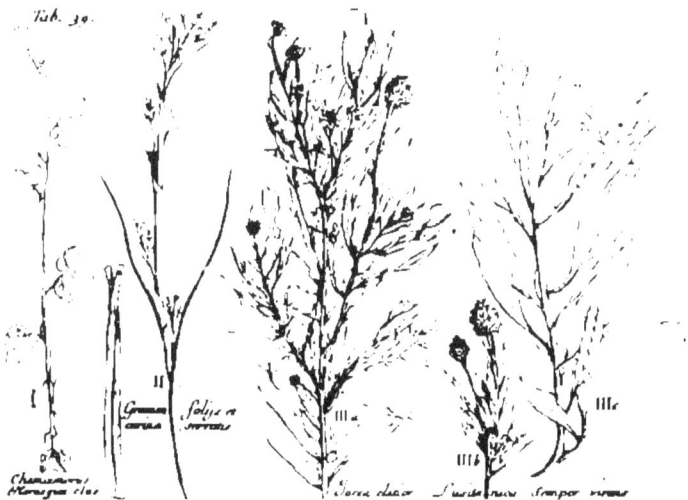

tur prope *Abatiam di Podali* in *Sicilia*; cum Chamæmoro Norvegiæ *Clufii* plurimum convenit.

Gramen Cyperoides altiſſimum, foliis, & carina ferratis.

GRaminis hujus *Calamus* arundinaceus, rotundus, geniculatus, hominis quandoque proceritatem æquans: Folia in fingulis geniculis Cyperi vulgaris more carinata, pede longiora, femiunciam lata, fuperne anguftiora, utroque margine & media cofta, Serratulæ foliorum modo exafperata, & ferrata : in cacumine & *Foliorum* alis *Jubæ* Milii vel Junci panicula

Rariores, nondum exhibitæ.

nicula fparfa contractiores, fuccedentibus etiam *Seminibus* minoribus & nigricantibus: *Radix* fubeft longa, fibrata, perennis, Graminis canini, feu Dactyli modo ferpens. *Liburni* in paludibus *Vadæ* Turris, & ad *Pachynum* promontorium copiofe itidem exit.

Jacea elatior Lufitanica femper virens.

Hujus plantæ *Folia* lanceolata, longiora, latioraque quam vulgaris, margine tamen, ut illius laciniata, afpera, è virore pallentia ; *Caules* multi, cubitales & longiores, pluribus fparfim & confufe foliis cincti, in ramos multiplices per totam fummitatem divifi, duri, afperi, proferentes *Capitula*, è quibus exeunt *Stamina* plura, confarcta, coloris ex purpura rubentis : *Radix* lignofa, dura, non abfque fibris. Tota *Planta* hyemem (nifi acris admodum fuerit) fine noxa facile tolerat. E *Lufitania* primum allatam credunt, unde nomen habuit. In hortis *Florentinis*, *Pifanis*, *Bononienfibus*, & demum *Parifienfibus* vidimus.

Explicatio Tabulæ XXXIX.

In Tab. XXXIX. I. *Chamæmorum Norvegicam indicat.* II. *Gramen foliis & carina ferratis.* III. a. *Jaceam Lufitanicam elatiorem foliis caulibus & capitulis ornatam.* III. b. *Ramum in fummitate florentem.* III. c. *Folia ejufdem inferiora & latiora.*

K *Scabiofa*

Scabiosa maritima, Rutæ caninæ folio.

CAule assurgit hæc, uti vulgaris, tereti, striato, cubitali, atque pluribus alis concavo, imbecillo tamen, & humi sub-

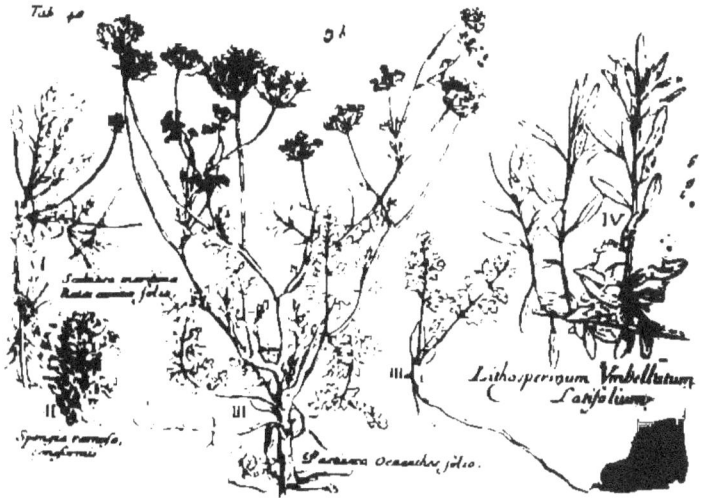

inde procumbente: *Folia* quæ primo nascuntur, in multas & profundas lacinias incisa, ad Rutæ caninæ, sive fistulariæ accedentia, in *Caule* sensim attenuata, at minora: *Flores* subpallidi, quandoque etiam rubentes proferuntur. *Semina* aliarum modo producit. Nascitur in *Caietæ* maritimis, & arenosis litoribus.

Spongia

Rariores, nondum exhibitæ.

Spongia Ramosa coniformis.

Spongia hæc canulata, atque in rotunditatem quasi collecta, coni pini inverfi refert figuram perfecte, & ideo Spongia coniformis nuncupabitur.

Pastinaca Oenanthes folio.

Differt hæc ab omnibus Pastinacis tenuifoliis, quas hucenus descriptas reperi. *Folia* illi Pimpinellæ faxifragæ, five Oenanthes non absimilia; *Caules* pedales, recti, ramosi; *Umbellæ* magnæ, aliarum Pastinacarum tenuifoliorum, hujus classis more: *Flores* albi, quibus succedunt *Semina* exigua aspera, seu potius villosa, five hispida. Supra muros *Leocatæ* Civitatis in *Sicilia* inveni: neque enim in pratis, aut secus viarum margines, cum spontanea seu silvestri tenuifolia, nascitur.

Lithospermum umbellatum latifolium.

E *Radice* lignosa caulis illi cubitalis exoritur, sarmentosus, in multas alas, seu ramusculos divisus; *Folia* oblonga, Oleæ æmula, angusta, aspera & saturate viridia; *Flosculi* caulium fastigia occupant, in *Umbellam* veluti cohærentes, coloris purpurei, quinque foliolis constantes; quorum singulis succedunt *Semina* duritie lapidea donata, ut cernere licet in aliis sui generis. Ad *Panormum*, in cautibus montis *Peregrini* gignitur.

76 *Plantæ ex Siciliâ, &c.*

Explicatio Tabulæ XL.

In Tab. XL. I. *Scabiosæ maritimæ*, *Rutæ Caninæ folio, ramusculum capite oneratum indicat.* II. *Spongiam ramosam coniformem.* III. *Radicis Pastinacæ Oenanthes folio partem superiorem, & caules flores in summis ferentes.* b. *Ejusdem semen.* III. a. *Folia ejusdem tenella ex radice tenui nuperrime surgentia.* IV. *Lithospermi latifolii radicem & folia inferiora.* c. *Ejusdem semina.*

Jacobæa pumila Gallica.

H ÆC folia habet ceteris omnibus suæ classis multo tenuius

dissecta, atque est *Planta* pumila & ceteris humilior; *Flore* & *Semine* ceteris par.   *Litho-*

Rariores, nondum exhibitæ.

Lithospermum umbellatum angustifolium.

ALterum hoc, à priori latifolio in tabula præcedenti descripto, & depicto, sola foliorum angustia distinguitur. Describitur à Casparo *Baubino* in Pinacis appendice, sub Lithospermo umbellato angustifolio, & idcirco ejus *Iconem* appingendam hic curavimus.

Reseda crispa Gallica.

DIffert à vulgari solo folio crispo, sulcoque majore per folii nervum decurrente. *Massiliæ* tantum in vicinis vidimus.

Explicatio Tabulæ. XLI.

In Tab. XLI. I. *Jacobæam pumilam Gallicam, folia caules & flores in summis gerentem, offert.* II. *Lithospermum umbellatum angustifolium per ramos dispositum.* C. *Ejusdem caulem unicum foliis angustis longis & floribus in cimis ornatum.* A. *Lithospermi latifolii pediculum foliis latis ostendit.* B. *Ejusdem summitates floribus quasi in Umbella dispositis.* III. *Resedam Gallicam crispam caulescentem & florentem.*

Leucoium Gallicum folio Halimi.

HÆC Leucoii species in denso cespite *Folia* producit binas, ternas, uncias longa, unam lata, è quorum meditullio protruditur caulis bipedalis, tripedalis, nunc major, nunc

nunc minor, cui inordinatim adnafcuntur *Folia* oblonga, incana lanugine obducta, ficut & inferiora latiora per terram

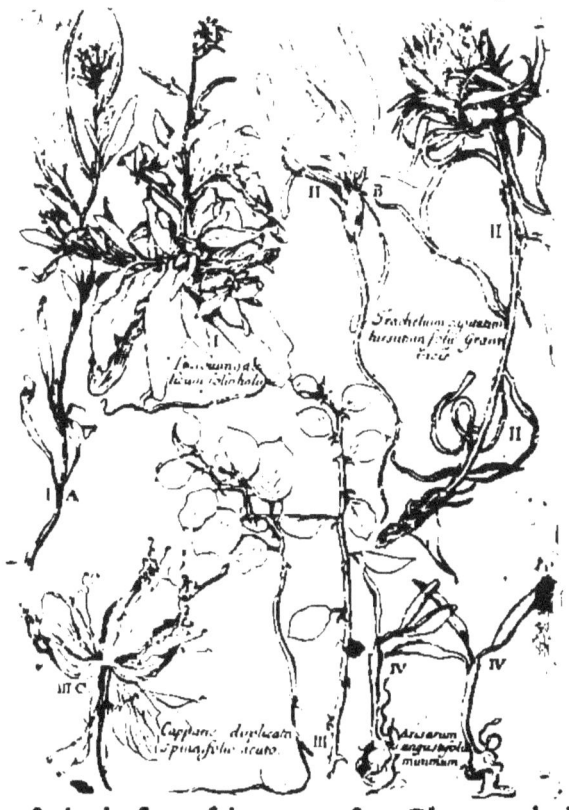

ftrata, & in denfum cefpitem congefta. *Flores* producit in fummis virgularum fubcæruleos, quorum fingulis evanidis fuccedit *Siliqua* bivalvis (aliorum Leucoiorum marinorum more)

more) fubafpera, duplicem feriem feminum latorum, feu comprefforum continens.

Trachelium capitatum hirfutum foliis gramineis.

PAlmaris eft huic *Cauliculus*: *Folia* longa, angufta, graminea, leviter hirfuta, & ad *Radicem* plantæ per extremum retufa, circa *Caulem* acuminata: in fummitate *Flores* multi fimul conjuncti, ac veluti in *Capitulum* congefti, Trachelii pratenfis ritu; atque floribus exficcatis fuccedunt *Capfulæ* tribus loculamentis diftinctæ, continentes femina numerofa pellucida, rufa, aut fubfufca. In hortulo meo in *Sicilia* colui, femine (ut aiebant) *Ragufa* allato: an Trachelium Tragopogonis folio, à *Fabio Col*. defcriptum fub eo nomine, dubitatur.

Capparis Sicula, duplicata fpina, folio acuto.

F*Oliis* eft Paliuri, acutis in mucrone, fed medio fubrotundis, inordinatim difpofitis & annexis cauli, colore ex luteo languefcente, glutinofis, ad quorum exortum fubtus geminæ (ut plurimum) fpinæ aduncæ nafcuntur: *Caules*, *Flos*, *Capfula*, *Semen*, à ceteris Capparis fpeciebus nihil difcrepant. Planta eft Perpetua, prope *Agrigentum* frequens, atque oppidum dictum *la Terra di Palmi*, ubi fruticofam non raro vidimus.

Arifarum

Arisarum angustifolium minimum.

Humilis est hæc *Planta*, & palmarem altitudinem vix superat; *Caule, Involucro, Pistillo*, nec non *Radice* globosa, eaque candida, Arisaro angustifolio vulgari persimilis; sola omnium prædictarum partium exilitate, atque *Foliis* angustis, & longis à vulgari discrepans. Ad *Saccam*, mediis in saxis, atque in saxorum fissuris, seu rimis mihi obvium factum est, in loco *la Pirrera* dicto.

Explicatio Tabulæ XLII.

In Tab. XLII. I. *Leucoium Gallicum folio Halimi, foliis caulibus floribus & siliquarum rudimentis ornatum indigitat.* I. A. *Ejusdem ramum foliis angustioribus siliquis & floribus in summitate donatum.* II. *Trachelii capitati hirsuti folio gramineo, caulem, & folia hirsuta cum floribus campanulatis in capitulum congestis, & foliolis hirsutis angustis intermixtis.* B. II. *Ejusdem folia prima tenella ex radice exeuntia, per extremum retusa.* III. *Capparis binos caules duplici spina, & foliis acutis.* III. C. *Ejusdem florem.* IV. *Arisarum angustifolium minimum ejusque radicem & folia duplici figura. In* Tab. XLIII. *videre est Fungi Melitensis Typhoidis duplicem figuram.*

Fungus Typhoides coccineus Melitensis.

Fungus noster raritate, & usu nulli secundus. Palmaris est altitudinis, interdum major, Fungum nondum explicato capituli disco plane referens. *Pediculus* est uncialis crassitudinis, tres aut quatuor uncias longus, scaber, fungosus,

Rariores, nondum exhibitæ. 81

fus, *Capitulum* etiam ipfum fungofum, pediculo paulo craffius, minoris Typhæ paluftris clavam aliquatenus repræ-

Tab. 43

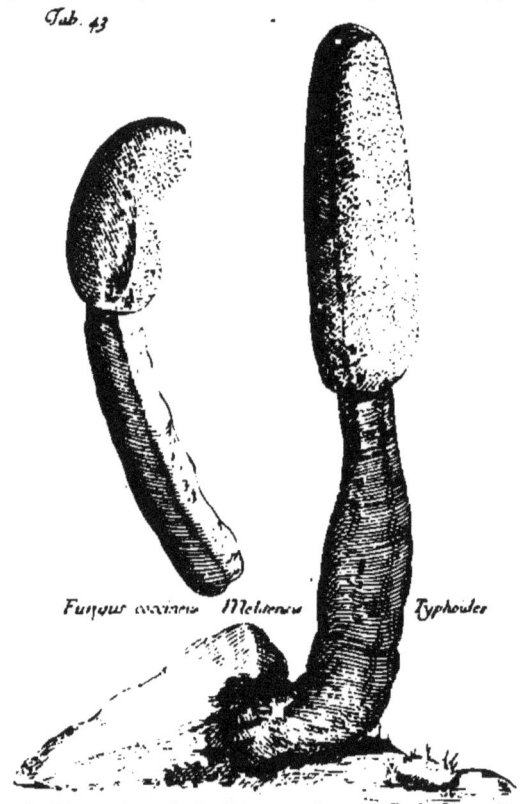

Fungus coccineus Melitensis   Typhoïdes

fentans, quod dum viret fi digitis premas, veluti fanguineum fuccum fundit. Per maturitatem granis minimis innumeris, Panico non abfimilibus, exafperatur, undique cocci colore

L.

colore splendentibus. Æstatis munus est; aliis tempestatibus temere & frustra quæsieris. Astringit maxime, unde ei præcipua laus in cohibendo sanguinis profluvio; cujus gratia *Melitenses* ex *Gaulo* insula, illius in pulverem soluti scrupulum aut amplius vino vel jusculo dilutum hauriunt, ducta à majoribus hac nunquam fallente medicina. Oritur in scopulo *Melitæ* insulæ adjacente, dicto *Sccglio del Generale*, hinc ipse Fungus *Heritz tal General* vernacula lingua dicitur. Elegantem hunc fungum acceptum debeo *Johanni Francisco Bonamico*, viro literarum amantissimo, qui addidit folia tenuissima addesse primo nascenti, atque maritimis fluctibus continuo irrigari.

Limonium reticulatum supinum.

PUlcherrimum hoc Limonii genus inter cetera studiosorum oculis subjici meruit. *Foliis* oblongis parvo Monspelienfi non multum absimile est; sed effusa cauliculorum veluti *juba* longe elegantius. Pedales illi sunt & longiores *Cauliculi*, in *Ramulos* plurimos divisi, qui geniculatim angulosi deveniunt, atque hinc & inde flectuntur, & sese invicem secant, ut incrementi progressu, multiplici atque numerosa in semetipsos implicatione, visenda novitate, reticuli speciem rite figurent. Peccavit interim sculptor noster, quod reticuli amplitudinem seu anfractum non satis expresserit. Hujus Limonii satis ferax *Melita* est.

Rariores, nondum exhibitæ. 83

Explicatio Tabulæ XLIV.

In Tab. XLIV. LL. *Limonii reticulati supini folia ostendunt, inter quæ reticulatim proveniunt caules infirmi sustinentes*

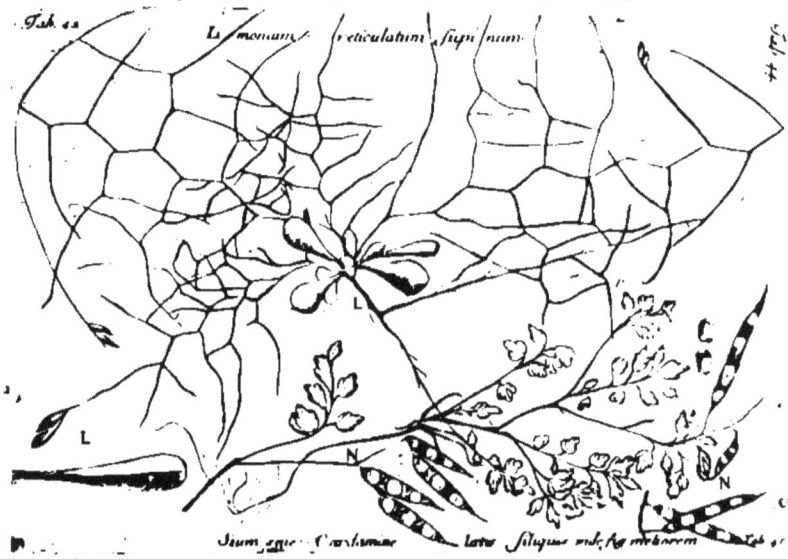

flosculos inexpansos. N N. *Sii minimi, seu Cardamines latis siliquis effigiem repræsentant, cujus melior sculpitur figura Tab. sequenti* 45..

Campanula Hirsuta Ocimi folio caulem ambiente, flore pendulo.

Caule constat pedali, striato, hirsuto, in multos Cauliculos divaricato, quos ambiunt folia ampla, & illa quoque non
L 2 leviter

84 *Plantæ ex Siciliâ, &c.*

leviter hirfuta, Violæ pentagoniæ æmula *Caulem* ample-
&entia, fed majora: *Flos* in fummitate Cauliculorum pen-
dulus, purpureus, Campanularum forma, variis foliorum lon-

giorum & anguftiorum appendicibus, quafi auriculis ad florum bafin appofitis cinctus: fequitur femen, ut in aliis omnibus ejufdem claffis: *Radice* nititur exili, quæ fingulis annis perit. *Meffanæ* in loco dicto *lo Ringo* nafcitur.

Sio minimo Profp. Alpin. affinis, filiquis latis.

Huic Sio *Cauliculi* funt tenues, geniculati, & ramofi: *Folia*
exigua per marginem uti Fumariæ divifa. *Flores* in ramulorum

Rariores, nondum exhibitæ. 85

mulorum faſtigiis pauci, ſubeuntibus *Siliquis* planis, latis, in mucronem deſinentibus, è quibus vel levi tactu quatuor aut quinque *Semina* compreſſa, ac pene quadrata exiliunt. *Radix* tenuibus fibris conſtat. Hujus figura bis repetitur, hic nempe & in ſuperiori Tabula cum Limonio reticulato. Me fefellit ſculptor, qui compendium quærens dimidiatam plantam effinxit ſupra in *Tab.* 44. Naſcitur in *Madonia* monte in *Sicilia* veteribus *Nebrode* dicto.

Linaria pumila triphylla Sicula.

PRO plantæ tenuitate *Radix* ſatis craſſa, plurifariam in ramos diviſa, non ſine fibris quibuſdam etiam adnatis : *Cauliculi* tres aut quatuor palmares, geniculati, per terram ſtrati; circa quos *Folia* parva ſubrotunda, Cruciatæ Dodonæi magnitudine decuſſatim ad genicula compoſita. *Floſculos* non obſervavi. Ad montes *Hyblæos* in oppido *Mililli* naſcitur.

Explicatio Tabulæ XLV.

In Tab. XLV. I. *Refert Campanulam birſutam Ocimi folio caulem ambiente cum floribus pendulis.* II. *Sio minimo affinem ſiliquis latis exhibent. Melius hic ſculpitur atque exprimitur quam in Tab. ſuperiori* LXV. b. c. *ſemina è ſiliquis exemta.* III. *Linariam pumilam tetraphyllam oſtendunt.*

Conyza Canadenſis, annua, acris alba, Linariæ folio.

COnyza hæc priuſquam in caulem aſſurgat, foliorum humi jacentium orbem & quaſi radiantis ſtellæ ſpeciem exhibet:

bet : folia huic primo nascenti sinuata, & hirta, atque versus extremum retusa ; quæ tandem in caulibus adultis Li-

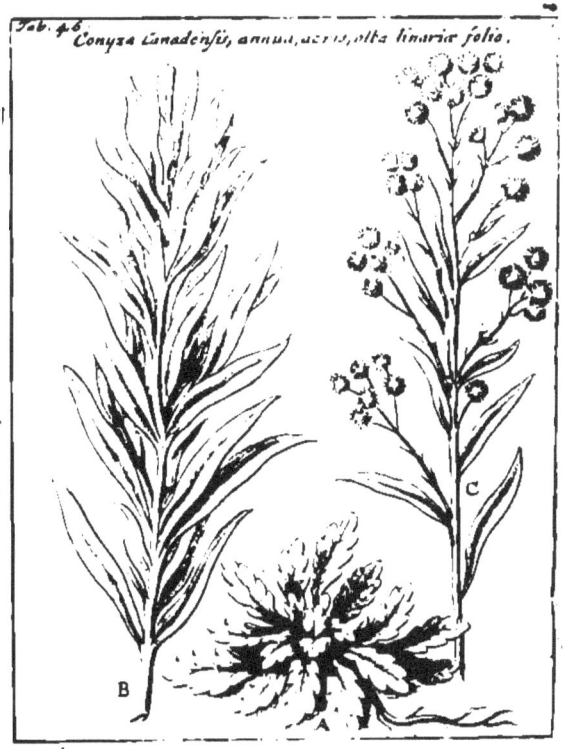

nariæ sunt æmula : Caulis pedalis, & bipedalis interdum : Flores parvi, albo-virides, ferè innumeri, atque in pyramidis modum dispositi, qui senescente planta versus autumnum,
in

Rariores, nondum exhibitæ. 87

in unum verfum flectuntur, tandemque in pappos (Conyzarum & Senecionum more) folvuntur. Sapore acris eft. Arida planta fi digitis teratur, non infuavi Mali Aurantii odore placet. Ex Creta aut Canada, vel aliunde allatam negant nonnulli, repugnante feniorum Parifienfium fide, quibus in prima ætate ignota fuit : quod nufpiam non oriatur, & quafi de induftria fata, hoc copiæ feminis papefcentis debeatur, quod facile vento hinc & inde impellitur. Nonnullis after Canadenfis annuus dicitur. A *Dom. Morifono* in Prælud. Botan. fub Conyza alba acris annua defcribitur, propter conformitatem cum Conyza acri cærulea, cum in floribus & feminibus, tum fapore & odore.

Explicatio Tab. XLVI.

In Tab. XLVI. A. *Indicat Conyzam acrem, albam, annuam, dum ineunte vere prima fua folia finuata & hirfuta ftellatim feu radiatim per terram ftrata protrudit antequam caulefcat.* B. *Caulis partem inferiorem foliis longioribus onuftam.* C. *Caulis partem fuperiorem floribus in pappos refolutis oneratam.*

Eryngium capitulis Pfyllii ex Sicilia.

HOC, ad Eryngii plani genus pertinet: quod capitulis Pfyllii proveniat fic appellavimus ; conftat enim radice tuberofa ad Raphani formam accedente. Cum primum folia oriuntur, funt glabra, rotunda, indivifa, fed per oras laciniofa, longiffimis & capillorum inftar tenuiffimis pediculis pendentia : Caulis pedalis capitulis in fummitate & caulium

lium alis fpinofis Pfyllii quodammodo æmulis, è quibus flofculi prodeunt purpurei ; fubfunt etiam fingulis horum ca-

pitum foliola angufta, longa, dura, & pungentia, multo longiora iis quæ in vulgari confpiciuntur. In negleɑis agris, &
aridis (ut plurimum) locis magna copia nafcitur circa *Saccam*

Rariores, nondum exhibitæ. 89

cam, *Panormum* & *Agrigentum*, aliafque fæpius memoratas urbes.

Explicatio Tabulæ XLVII.

In Tab. XLVII. A. *Eryngii capitulis Pſyllii radicem tubero-*
ſam, pyriformem, cum fibris dependentibus indicat. B B B. *Ejuſdem*
folia glabra, rotunda, ſerrata ſeu laciniofa, & indiviſa, longiſſimis
pediculis pendentia oſtendunt. C. *Ejuſdem caulem capitulis onu-*
ſtum, ſpinis longioribus & pungentibus rotatim armatis. D. *Ejuſ-*
dem folium ſuperius diſſectum cauli adhæreſcens.

Convolvulus Siculus minor, flore parvo auriculato.

S Pargit per terram hic viticulofos cauliculos, circa quos

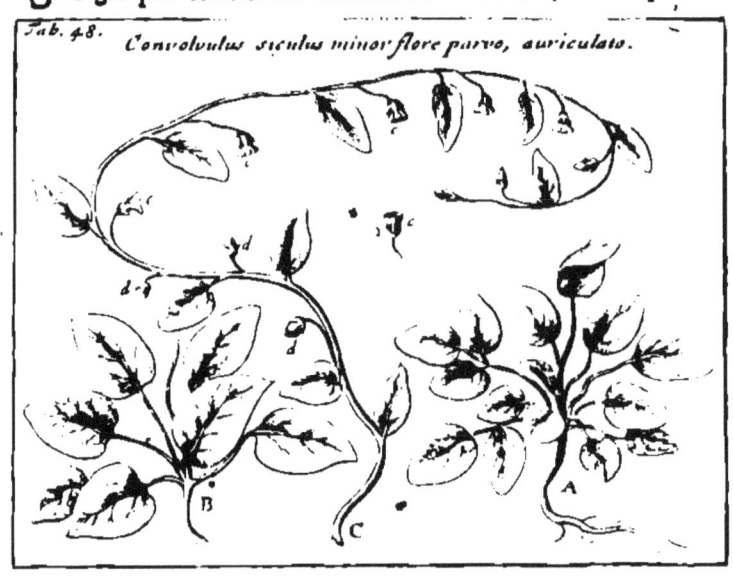

Tab. 48. *Convolvulus siculus minor flore parvo, auriculato.*

folia conſpiciuntur ſubrotunda, in mucronem tamen definen-
tia,

ria, ac per longa intervalla è longis pediculis pendentia, ficut & flofculi, qui Calathi ant Campanulæ forma, funt omnium Convolvulorum minimi, & cærulei, circa quos auriculæ, five foliola, capitulum ex adverfo ampleċtentia, nafcuntur : Semen angulofum quadruplici loculamento in capfula rotunda conclufum fequitur. Annua eft planta. Juxta *Catanam* frequenter collegimus, & circa *Panormum*, fed rarius.

Explicatio Tabulæ XLVIII.

In Tab. XLVIII. A. *Indicat Convolvuli Siculi minoris, &c. radicem, & prima folia ex eadem orientia, perque terram projeċta.* B. *Caulis viticulofi partem foliis adultioribus oneratam.* CCC. *Caulem viticulofum per terram convolutum, & adultum, foliis alternatim pofitis, fructu, feu capfulis & floribus oneratum.* ddd. *Capfulas.* cccc. *Flores campanulatos minimos.* ff. *Semina angulofa.*

Heliotropium Siculum maj. fl. amplo odorato.

C Auliculo conftat ramofo, verfus terram reclinato: foliis in rotunditate oblongis, candicantibus, leviter hirfutis, & quafi villofis, feu lanugine obduċtis. Heliotropio vulgari non abfimile eft quoad caulium & foliorum compofitionem ; floribus autem variat, qui multo majores funt, & fuaveolentes, Smilacis afperæ aut Meliloti ritu : caulis faftigio flores fæpe veluti in umbellam congefti verfus extremum cohærentes, alioquin fecundum ramulorum flexum, ut in vulgari, ordine peramœno digeruntur. In eadem Tabula collocavimus

Rariores, nondum exhibitæ. 91

vimus Heliotropium majus vulgare & noſtrum Siculum flore maj. odorato, ut melius hujus noſtri obſervetur differentia

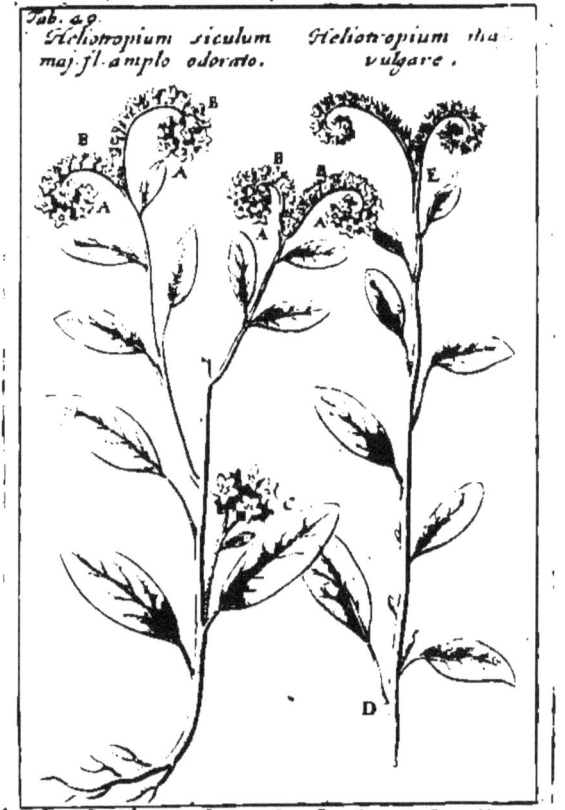

à vulgari. Non longe *Catana* in aſperis, & ſegetibus copioſe creſcit alteri permixtum, unde cuivis facile conſtabit me non eſſe hallucinatum.

M 2   Expli-

Explicatio Tabulæ XLIX.

In Tab. XLIX. A A A A. *Indicant Heliotropii Siculi maj. flore amplo odorato flores multo majores vulgaris ad ramulorum flexus.* B B B B. *Capsulas seminales post flores deciduos.* C. *Flores majores veluti in umbellam congestos.* D. *Caulem vulgaris foliis & floribus onustum.* E. *Flosculos reflexos ejusdem ostendit, ad discrimen determinandum inter Heliotropium vulgare & nostrum Siculum fl. odorato amplo.*

Lychnis noctiflora minima, fl. exiguo.

E Radice parva leviter fibrata Cauliculos plures, tenues, primum per terram in orbem stratos, folia ad genicula bina è regione posita, angusta, uncialia, Linariæ minimæ seu Spergulæ æmula gerit hæc nostra Lychnis; quorum in sinu subinde foliola alia duo nascuntur brevissima & tenuissima : eriguntur demum cauliculi stipatu numeroso geniculati, multiplices, in ramos divisi, nonnihil pilosi, ut & folia, quorum quæ ad summitatem accedunt, sensim breviora fiunt & latiora. In summitate & foliorum ultimis alis subrubri exeunt flosculi quinquefolii, Alsines magnitudine, capsulis minimis Lychnidum formâ inserti. Tota planta viscoso quodam glutine manus inficit.

Spongiæ ramosæ varietas.

SPongia hæc ramosa oritur ex una continuata & singulari radice, atque in multos ramos sursum versus funditur, adinstar cornuum cervi, quorum substantia est mollis, levis, & lanugine multa obducta, coloris gilvi, vel potius ad ferruginem

Rariores, nondum exhibitæ. 93

nem inclinantis quoad capacitatem interiorem ; Calathi formam repræsentant ramificationes ejusdem.

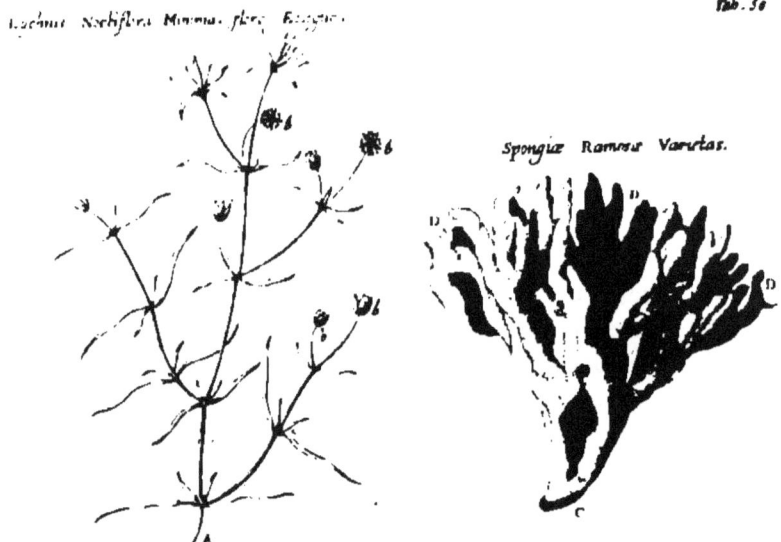

Explicatio Tabulæ L.

In Tab.L. A.*Cauliculum Lychnidis noctifloræ,viscosæ,minimæ, in ramusculos divisum indicat.* b b b. *Flosculos pentapetalos, atque quina foliola interstitiis petalorum substrata.* C. *Radicem varietatis Spongiæ ramosæ.* D D D. *Ramificationes seu divisuras ejusdem.*

Jacobæa multifida umbellata annua.

E Radice tenui, parva, folia plurima per terram strata, uncialia, & triuncialia nonnunquam, Jacobææ more lobata, supra

viren-

Plantæ ex Siciliâ, &c.

virentia, subtus incana in extremo rotundæ circinitatis in

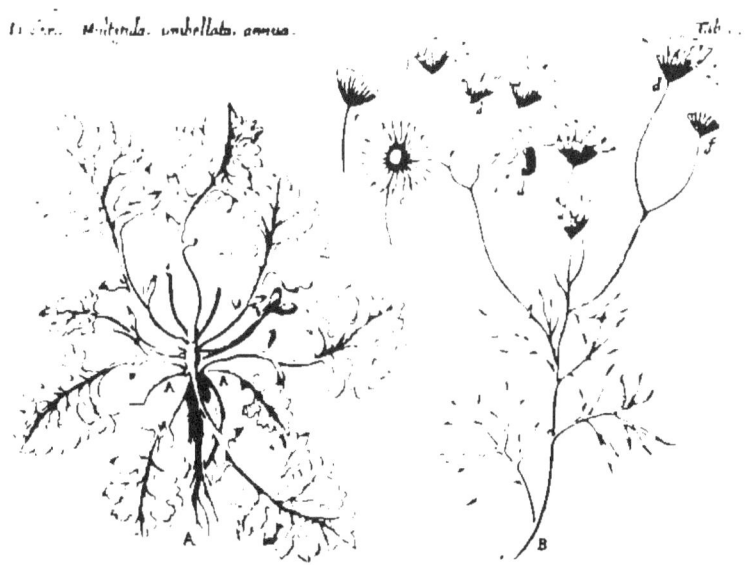

margine sinuata, emittit hæc Jacobææ species, quorum è medio caulis assurgit pedalis, alatus, rotundus, leviter hirsutus, foliis cinctus primum Jacobææ divisura, demum Absynthii modo tenuiter incisis: hic caulis in summitate pluribus ramis palmaribus quasi laxe umbellæ in modum dividitur, quorum cacuminibus insident flores petalis latis & planis aureo colore fulgentibus & cingentibus umbonem pariter aureum, ex multis staminulis concoloribus conflatum, qui tandem recedit in semen pappofum aliarum Jacobæarum more. Annua est planta. Nascitur ad *Agrigentum* & oppidum *Montaperтит* dictum. Expli-

Rariores, nondum exhibitæ. 95

Explicatio Tabulæ LI.

In Tab. LI. A A A. *Indicant radicem protrudentem folia rotunda, laciniata, per terram ſtrata Jacobææ annuæ.* B. *Ejuſdem Caulis ſuperiorem partem foliis multifidis oneratam.* C. *Florem plene expanſum.* d d d. *Flores nondum plene expanſos.* f f. *Pappos floribus ſuccedentes, calici adhuc involutos.* g. *Pappum abſolutum.*

Scabioſa marina Rutæ marinæ folio.

Scabioſa hæc à vulgari Columbaria ſola compoſitione foliorum diſtinguitur: hujus folia ima plurifariam & confuſo or-

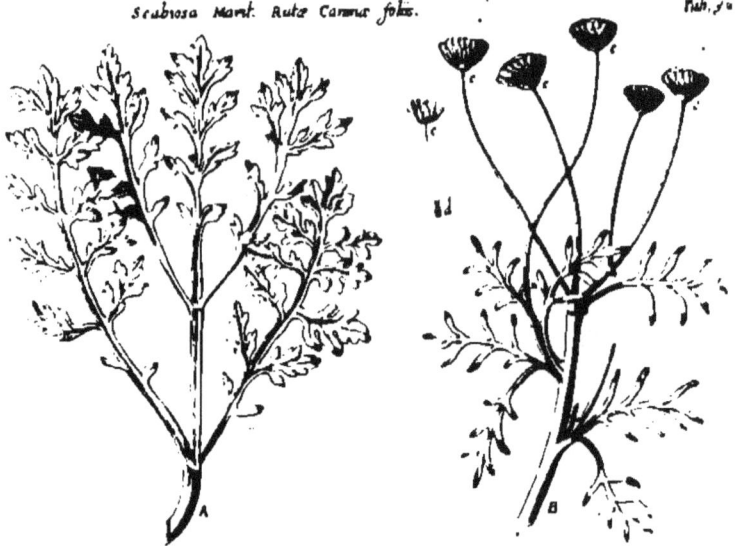

dine diſſecantur, adinſtar Rutæ caninæ, ſeu Scrophulariæ tenuifoliæ,

foliæ,colore etiam faturatius viridi afficiuntur. Vide 1 Tab. 40. ejufque ibidem delineationem imperfectam.

Explicatio Tab. LII.

In Tab. LII. A. *Pediculum foliis inferioribus onuſtum Scabio-*
fæ marinæ Rutæ caninæ folio indicat. B. *Caulem ejufdem foliis*
tenuius diſſectis oneratum. c c c c c. *Capitula femine prægnantia.*
d. *Semen ejufdem exemtum.*

F I N I S.

www.ingramcontent.com/pod-product-compliance
Lightning Source LLC
Chambersburg PA
CBHW031404160426
43196CB00007B/898